JN271262

エコシステム構想による
ソーシャルワーク実践教育の展開

精神保健ソーシャルワーカー養成と包括・統合ソーシャルワーク

中村 和彦 著

北大路書房

は　し　が　き

　わが国のソーシャルワーカーは，1987年に社会福祉士，1997年に精神保健福祉士が国家資格化され，それぞれ20年，10年余が経過した。この間，それぞれの国家資格は一定程度の社会的認知と承認を得てきた。

　2007年11月，「社会福祉士及び介護福祉士法の一部を改正する法律」が衆参両院で可決され，社会福祉士にとっての新たな扉が開くことになった。新しい扉が必要になった最大の理由は，この間の介護・福祉ニーズの多様化・高度化にある。介護保険法，障害者自立支援法等を代表とする制度改革・制度導入が実施され，そこで貫かれている一大理念は，サービス利用者としての選択権，自己決定権の確保・保障であろう。その結果，社会福祉士のおこなう業務，支援内容は拡大し，より高い専門性を必要とするものとして変容した。実際のところ，この20年間で，社会福祉士の役割，働く「場」，支援対象，支援内容や方法等は，大きく変化してきた。当然のことながら，これらの変化・変容には，社会や制度・政策といったマクロ状況の変動も大きく関連している。

　上述したこの度の法改正では，定義規定や義務規定の見直しや，任用・活用の促進等が実施されたが，特に養成課程，資格取得方法の見直しが大胆に取組まれ，大学や養成施設における養成カリキュラムが大幅に見直された。それは科目名の変更にとどまらず，教授すべき内容の大半が新しくなり，また演習や実習の具体的な展開のあり方が一変した。いつ何時，どのような変化に対しても賛否両論はつきものだが，「社会福祉学が消えた」，「具体的な制度・サービスを活用する役割にソーシャルワークが矮小化されてしまう」，「演習・実習を展開することが難しくなる」といったネガティブなリアクションも少なくない。一方で新しい扉を開くことへの積極的反応としては，これを機会に，職域の拡大や待遇の改善を実現することや，真に利用者の利益を確保・獲得する実践の展開を可能にする「実践力」を身につける教育展開の実現等々があげられよう。

　ソーシャルワークの視点からいえば，「社会福祉援助技術」なる用語が消え（この用語は，非常に矮小化された技術や，how to をイメージさせる），「（総合的かつ包括的な）相談援助」が登場し，それに該当する教科目の中では，

「ジェネラリスト・ソーシャルワーク」や「実践モデル」、「実践アプローチ」が具体的に取り上げられたり、「演習」や「実習」の展開がこれまで以上に厳密化されたりする等、一定以上の積極的評価もできる。
　もう一方の国家資格である精神保健福祉士についても、すでに改正のスケジュールにのっとり推進されているところであり、すでに社会福祉士との間での共通科目については、「通知」によりその変更が明示されている。今後は早晩、「精神保健福祉士法」の改正が実行に移され、社会福祉士に準じた教育カリキュラム内容の変更がおこなわれることになろう。精神保健福祉士の実践を取り巻く状況も、精神保健医療福祉施策を取り巻く環境の変化とあいまって、職域や支援対象の拡大、支援内容の複雑・多様化の波の中にあり、担うべき社会的役割が拡大し、高い専門性や実践力が問われてきている。
　ところで筆者は、社会福祉系大学を卒業後、精神障害者の支援に従事し、その後、高齢者領域での業務に携わりながら、大学院修士課程や博士課程で学ぶ機会を与えられた。結局のところ（臨床現場との接点を保ちつつも）、介護福祉士の養成校教員を経て、社会福祉士養成、現在は精神保健福祉士養成に携る教育・研究者となっている。その中で「ソーシャルワーク」のもつ魅力にとらえられ、実践・教育・研究の現場にこだわりをもって身をおいてきた。本書は、その途中経過の中で生まれたものであり、基礎理論として「ジェネラル・ソーシャルワーク」（包括・統合ソーシャルワーク）を採用し、精神保健ソーシャルワーカーの実践視野や視点、方法やその具体的展開を考察し、さらに養成過程に焦点化し、教育内容や方法について検討し、具体的展開について提案したものである。読者諸氏の率直かつ建設的な批判や意見を賜ることができれば幸いである。

目　次

はしがき

Ⅰ　問題の所在と本研究の目的 ……………………………………………… 1
　1　問題の所在　　1
　2　本研究の前提と目的　　5
　3　本論の構成　　6

Ⅱ　エコシステム視座と包括・統合ソーシャルワーク ……………………… 9
　1　ソーシャルワーク理論の変遷　　9
　2　包括・統合ソーシャルワークの出現　　12
　3　精神保健ソーシャルワーク実践と包括・統合ソーシャルワーク　　19

Ⅲ　精神障害者の生活特性と生活支援 ……………………………………… 29
　1　生活のエコシステム状況への理解　　29
　2　精神障害者の生活特性　　32
　3　精神障害者への生活支援　　35

Ⅳ　包括・統合ソーシャルワークの実践概念化と具体的展開 …………… 41
　1　実践概念化としてのエコシステム構想　　41
　2　具体的展開としてのコンピュータ支援ツール　　45
　3　精神障害者生活支援への支援ツールの展開　　48

Ⅴ　ソーシャルワーク実践教育の変遷と課題 ……………………………… 79
　1　ソーシャルワーク実践教育の変遷　　79
　2　ソーシャルワーク実践教育の課題　　87
　3　精神保健ソーシャルワーカー養成教育の変遷と課題　　89

VI エコシステム構想によるソーシャルワーク実践教育の具体的展開 …… 103
1　エコシステム構想の教育場面での展開　103
2　教育支援ツール活用の意義・内容と展開方法　105
3　精神保健ソーシャルワーカー養成課程での支援ツール活用の実際　114

VII 本研究の評価とこれからの課題　…………………………………… 129
1　精神保健ソーシャルワーカー養成へのフィードバック　129
2　ソーシャルワーク実践教育へのフィードバック　134
3　ソーシャルワーク実践の科学的展開　136

補　遺　………………………………………………………………………… 139
1　施策動向　139
2　精神保健福祉士法をめぐる動向　141
3　これからの課題　141

あとがき

資料　生活のエコシステム情報（精神障害者生活支援版）質問項目と内容　149
図表一覧　157
文　献　159
索　引　167
Book Outline　169

I
問題の所在と本研究の目的

1 問題の所在

　「社会福祉士及び介護福祉士法」(1987)，「精神保健福祉士法」(1997) が制定され，わが国においてソーシャルワーカーの国家資格が誕生して以降，その養成教育を意図し，教育課程を備える大学・短期大学・専修学校等が増加の一途をたどっている。養成課程の設置があいつぎ，さながら「養成バブル」の様相を呈している。しかしこの状況を冷静にみてみるならば，入り口である学生数の確保問題や出口である就職を考えた場合，すでに楽観視できる状況にはなく，そのバブルはすでにはじけつつあるといって過言ではない。

　さらに重要なことは，ソーシャルワーク実践教育における質・中身の問題である。それは，ソーシャルワーク実践教育に携わる教員の問題もさることながら，教育の目標，期待される成果，教授すべき内容・方法，講義のみならず演習授業・現場実習における課題，さらにはテキストと目され公刊されている出版物の問題まで，課題が山積しているように思われる。

　周知のように，「社会福祉士及び介護福祉士法」において，その指定科目名として，教育現場・実践現場ともに馴染み，使用してきたと考えられる「ソーシャルワーク」の名称に代わり，「社会福祉援助技術」が用いられた。同様にいわゆるソーシャルワーク実践における伝統的三方法は，「ソーシャル・ケースワーク」が「個別援助技術」，「ソーシャル・グループワーク」が「集団援助技術」に，また「コミュニティワーク」は「地域援助技術」なる名称が用いられることになった[1]。これによりわが国において，ソーシャルワークのもつ理念・価値・目標・視野・視点・支援方法等が，総合的に正しく浸透してこなか

ったという現実ともあいまって[2]、「技術」という言葉がもつイメージから、単なる援助のための手法として、あるいは how to ものとして、誤った矮小化された理解が進んでしまったように思われる。また、高齢社会の到来にともない、国家的課題となった高齢者介護への関心から「介護技術」が突出して、広く理解されるようになり、社会福祉分野における援助技術イコール介護技術であるという理解が浸透しているような状況も見受けられる。

ところで、第二次世界大戦後より形成されてきたわが国の社会保障・社会福祉システムは大転換期にあり、近年、そのパラダイムが転換したことは、学界等においては共通の認識となっている[3]。工業化・都市化・情報化等の急速な社会変化にともない、人口構造、家族構造、職業構造・雇用形態等が変化し、人々の生活は大きな変容をせまられ、ニーズの多様化・普遍化、介護問題の社会化等が起こり、これまでの社会保障・社会福祉制度では対応することができない状況が立ち現われ、パラダイムの転換を余儀なくされた。措置制度から契約制度へ、福祉領域での規制緩和、中央集権から地方分権へ、福祉供給主体の多様化・民間企業の参入、与えられる福祉から選ぶ福祉へ、恩恵から権利へ、在宅サービスメニューの多様化、利用者本位（利用者中心）のサービス構築、利用者の選択権の重視、効率性と公平性の重視、各対象分野へのケアマネジメント方法の導入等々は、新しいパラダイムを体現する具体的動向である。

実際、これら新しいパラダイムに沿い、近年の社会保障・社会福祉の制度・政策は大きく変化してきている。児童福祉法の改正（1997）による保育所への入所契約、介護保険法（1997）の制定や、2000年の社会福祉法への改正、また、2003年度より実施された身体障害者・知的障害者領域での「支援費制度」と、その後の「障害者自立支援法」もこれらの一貫した流れの中に位置づき、現在も大改革は進行中である。この十年弱の間に、「ハード福祉」の様相は一変した。

ところで、わが国の社会福祉学界において、「制度・政策論体系」と「援助・技術論体系」との間に対立が存在していた時代があった。この対立過程について振り返ることは避けたいと思うが、どちらかと言えば、制度・政策重視の傾向が継続し、それは結果として、ソーシャルワークへの総合的な正しい理解が、これまで充分になされてこなかった事実に、直結しているように思われる。しかしながら、先程のパラダイム転換を背景に、昨今ほどソーシャルワー

ク実践への期待が高まり，その真価が問われていることは過去になかったのではないかと考えられる。社会福祉の究極的な目標は，社会生活上の課題を抱えた人々の自己実現を可能にし，生活や社会的機能の改善・再建・維持・向上をはかることにあるといえるが，上述した動向にみられるような制度・政策の転換，あるいはその整備・充実が，様々な生活課題を抱えた利用者個々のニーズを満たし，利用者個々の生活の改善・再建・維持・向上を自動的にもたらすわけではない。制度・政策が単なる「絵に描いた餅」に終始することをさけるためには，当然のことながら，利用者・生活者の視点に立脚したソーシャルワーク実践活動が不可欠であることはいうまでもない。そもそもこれからのわが国において，「ハード福祉」の整備・充実を，拡大基調のもとで描くことはできなくなった。

　いまこそ，「支援科学[4]」としてのソーシャルワーク理論をより確実なものにし，その支援の展開過程を詳細に考究し，これまで幾度となく強調されてきていることではあるが，あらためてソーシャルワーカーの「専門性」や支援活動の「成果」が問われなければならない。さらには，専門支援者養成過程において，支援科学としてのソーシャルワーク理論及びソーシャルワーク方法論・ソーシャルワーク実践理論が体系的に教育されなければならないと考える。時代は「ソフト福祉」の時代へと移行した。

　ところで，ソーシャルワーク実践の具体的支援展開のひとつである精神に障害を抱えた人々へのソーシャルワーク実践も大きく変容しつつある。周知のように，わが国の精神保健福祉領域におけるソーシャルワーク実践は戦後まもなくからはじめられ，これまで様々な取り組みが積み重ねられてきている。しかしながら利用者である精神に障害を抱える人々は，制度・政策上，必ずしも社会福祉の対象としてはとらえられてこなかった。閉鎖性を有した精神科医療体制の中，いわば「人権をもたない患者」として扱われていた歴史的事実を否定することはできない。精神に障害を抱える人々の生活への支援は，当事者・家族の苦闘と，先駆的でかつ地道なソーシャルワーカーを中心とした専門支援者の活動に拠ってきた。

　そのような中，精神保健福祉領域におけるノーマライゼーション理念の普及や人権を支える視点の高まり，コンシューマー運動の活発化等が重要な要因と

なり，1993年の「障害者基本法」への改正の際には，「この法律において『障害者』とは，身体障害，知的障害又は精神障害があるため，長期にわたり日常生活又は社会生活に相当な制限を受ける者をいう」と法的に障害者として位置づけられた。続いて，精神に障害を抱える人々の人権擁護と自立，社会参加を促進するための社会生活支援の重要性を強調し，社会福祉施策の対象者であることを法文化したのが，1995年の「精神保健及び精神障害者福祉に関する法律」への改正であり，生活支援への施策が整備・充実される方向へと踏み出した。そのひとつが，精神保健福祉フィールドにおけるソーシャルワーカーを国家資格化した「精神保健福祉士法」(1997) の制定である。

これまでの精神に障害を抱えた人々，また家族の苦闘を考えると遅きに失するという感は否めないが，今後は，利用者の視点に立脚した精神保健福祉領域におけるソーシャルワーク実践が，これまでの蓄積を下敷きに，あらためて整理・検討・定式化される必要があり，その真価が問われているといえる。そこで，今後の精神に障害を抱えた人々へのソーシャルワーク実践の支援課題を考える時，「自立生活支援」と「権利擁護」を提起することができる。その課題を，ソーシャルワークの構成要素である，価値・知識・方策・支援方法の各々の視点において整理してみるならば，表Ⅰ-1のようにまとめることが可能である。

その上で，新しく歴史の浅い国家資格である精神保健福祉士の養成課程においては，これまでの実践・教育・研究における積み重ねを踏まえた上で，包括・統合的なソーシャルワーク理論，それにもとづく方法論，実践理論，さら

表Ⅰ-1　精神障害者支援の課題

	自立生活支援（概念）	権利擁護（動向）
価値視点	自立への志向 利用者主体への関心	人権への自覚・意識
知識視点	自立生活への理解 自立支援原則	人権理解 権利擁護内容
方策視点	自立支援方策・ 包括的支援システムの構築	権利擁護制度・システムの構築
方法視点	自立生活支援方法の精緻化	権利擁護方法・ アドボカシー方法の確立

にその精神保健福祉分野における具体的支援展開方法の教育が体系的におこなわれていかなければならないという一大課題が浮かび上がってくる。

2 本研究の前提と目的

　上述した様々な問題に触発されうる今後の研究課題として，いまこそ，支援科学としての包括・統合的なソーシャルワーク実践理論が深化されなければならず，その理論に基づいた支援過程の展開方法を確固たるものにしなければならない重要な課題がある。また，精神に障害を抱える人々への支援については，場面・状況に限局された，単なる技法や技術を提供する小手先の援助のみでは終結しないことは明らかであり，包括・統合的なソーシャルワーク理論にもとづいた，利用者の視点に立脚した具体的な支援展開方法が追究されなければならない。つまり，「利用者の自己決定過程を保障した上での，自立した生活構築への支援」を確実に展開していかなければならないという一大課題がある。

　さらに，ソーシャルワーク実践教育，ソーシャルワーカー養成教育の場面において，包括・統合的なソーシャルワーク理論および方法論を，その理念・価値・視野・視点，そして支援方法について一貫して教授され得る目標・内容を追究した，教育の展開方法が構築されていかなければならない。

　以上のような課題を踏まえて，本研究に取り組む前提を整理するならば，
　　①精神障害当事者中心の支援原理
　　②参加と協働による支援展開
　　③専門性・科学性を携えた実践展開
　　④生活の包括・統合的把握
　　⑤ソーシャルワーク実践教育方法確立
といった点があげられ，それらの前提に立って本研究は，
　　①精神保健ソーシャルワーク実践における課題の抽出
　　②包括・統合的なソーシャルワーク理論の展開
　　③包括・統合的なソーシャルワーク理論の実践概念化
　　④精神保健ソーシャルワーク実践における支援ツールの開発
　　⑤精神保健ソーシャルワーカー養成における課題の明確化と教育方法の刷新

といった目的をもっており，これらの目的を達成しようとするチャレンジにより，精神保健福祉フィールドにおいて喫緊の課題になっている，利用者と支援者の「参加と協働」により，「利用者の自己決定過程を保障した上での，自立した生活構築への支援」を具体的に展開することが可能となり，また，精神保健ソーシャルワーカー養成過程において，その具体的展開方法が構築されていくであろうと考えている。このことは精神に障害を抱えた人々，あるいは家族の福祉向上につながり，さらには，ソーシャルワーク実践全体，あるいはソーシャルワーク実践教育の「科学化」につながるものであると考えられる。

ところで筆者は，精神保健ソーシャルワーカーとして，精神障害者支援に従事した経験をもち，現在は，精神保健福祉士・社会福祉士の養成課程を整備した4年制大学に籍をおき，ソーシャルワーカー養成に携わっている立場にあるが，本研究は，そのような具体的体験・経験から得られた関心を背景・動機にもち，現在の種々の課題をふまえた上で，その解決へのチャレンジを強く意識したものであり，単にソーシャルワーク実践教育の方法論に焦点化し，その研究を展開したものではない。エコシステム視座に依拠し，ソーシャルワーク実践の支援過程・展開過程を教育の現場でどのように展開していくのか，その点を主眼に考究されたものであり，その具体的展開方法として，エコシステム構想にもとづくコンピュータを活用した支援ツールを開発し，実際の教育展開の中で試行しようとするものである。

3　本書の構成

本書の構成については，表Ⅰ-2に示しているが，第Ⅰ章では，問題の所在，研究の前提や目的について著し，第Ⅱ章においては，現在，一大潮流となっているエコシステム視座 Ecosystem perspectives にもとづくソーシャルワーク概念，とりわけ「包括・統合ソーシャルワーク」（ジェネラル・ソーシャルワーク）について，本研究における基礎理論としての位置づけから解説し，精神保健ソーシャルワーク実践との関係性について述べている。続く第Ⅲ章において，「生活支援」というソーシャルワーク実践の一大特性をふまえ，具体的支援展開分野である精神保健ソーシャルワーク実践の直接対象である精神障害者

I──問題の所在と本研究の目的

についての生活特性とそれへの支援について触れ，第Ⅳ章においては，理論と実践の架け橋という観点から，抽象化されたメタ理論をいかに実践概念化し，その視野・視点・方法を具体化し，実際の支援過程の中で展開していくことが喫緊の課題であるという認識のもと，利用者の生活を包括・統合的に理解することを実現させる支援ツールの開発について考察している。昨今，非常な勢いで，その導入が試行されている，精神障害者ケアガイドラインにもとづく精神障害者ケアマネジメント等と比較対照しながら，エコシステム構想にもとづく，精神障害者の自立した生活の再建，維持・向上への支援を目的にした，コンピュータ支援ツールの作成・試行・課題について言及しているところである。

以上の第Ⅱ章・第Ⅲ章・第Ⅳ章における考察をふまえ，第Ⅴ章と第Ⅵ章は，ソーシャルワーク実践教育へと焦点化された部分であるが，まず第Ⅴ章において，戦後五十年のわが国におけるソーシャルワーク実践教育について，その変遷を概観し，今後の課題について述べ，また，本研究の直接的な対象領域となっている，精神保健福祉領域におけるソーシャルワーカーの養成教育について焦点化し，その変遷と今後の課題について言及している。

本研究の中心的位置をなすのが続く第Ⅵ章であり，第Ⅰ章に述べた問題の所在，あるいは本研究の目的でふれているように，エコシステム視座にもとづくソーシャルワーク実践の理念・視野・視点・支援方法を包括・統合的に理解したソーシャルワーカー養成が緊要な課題であり，その教授内容や方法を兼備したソーシャルワーク実践教育の方法展開について，精神保健ソーシャルワーカー養成の教育実践を一例に考察したものである。具体的にその考察対象は，コンピュータ支援ツールを用いた演習形式の授業展開であり，その内容・方法・期待される成果・課題・可能性について言及している。第Ⅶ章では本研究についての評価と今後の課題をあらためてまとめ，ソーシャルワーク実践教育の今後のあり方をめぐる具体的課題や，現任者の継続教育やスーパービジョン場面への発展可能性，さらに，ソーシャルワーク実践の科学化への展望についても言及している。

表 I-2　本書の構成

I	問題の所在と本研究の目的
	1　問題の所在　　2　本研究の前提と目的　　3　本論の構成
II	エコシステム視座と包括・統合ソーシャルワーク
	1　ソーシャルワーク理論の変遷
	2　包括・統合ソーシャルワークの出現
	3　精神保健ソーシャルワーク実践と包括・統合ソーシャルワーク
III	精神障害者の生活特性と生活支援
	1　生活のエコシステム状況への理解
	2　精神障害者の生活特性
	3　精神障害者への生活支援
IV	包括・統合ソーシャルワークの実践概念化と具体的展開
	1　実践概念化としてのエコシステム構想
	2　具体的展開としてのコンピュータ支援ツール
	3　精神障害者生活支援への支援ツールの展開
V	ソーシャルワーク実践教育の変遷と課題
	1　ソーシャルワーク実践教育の変遷
	2　ソーシャルワーク実践教育の課題
	3　精神保健ソーシャルワーカー養成教育の変遷と課題
VI	エコシステム構想にもとづくソーシャルワーク実践教育の具体的展開
	1　エコシステム構想の教育場面での展開
	2　教育支援ツールの意義・内容と展開方法
	3　精神保健ソーシャルワーカー養成過程での支援ツール活用の実際
VII	本研究の評価とこれからの課題

■注■

1)「精神保健福祉士法」(1997) においても同様に,「精神保健福祉援助技術」なる名称が用いられている。

2)　太田は,わが国においてソーシャルワーク概念が未定着のまま推移してきた経緯や理由を,①歴史的経緯,②研究の動向,③資格制度の出現,④科学的特性に4分類し,その特殊な事情を指摘している。太田義弘 (2002)「ソーシャルワーク実践研究とエコシステム構想の課題」『龍谷大学社会学部紀要』20　1-16頁

3)　松井二郎 (1995)「社会保障・社会福祉のパラダイムの転換―アフター・フォーディズムと福祉国家の再編」『社会福祉学』36(2)　15-27頁
　　古川孝順 (1997)『社会福祉のパラダイム転換』有斐閣　等を参照

4)　太田義弘 (2002)「支援科学としてのソーシャルワーク実践と方法」『ソーシャルワーク研究』28(2) 123-135頁　等を参照

II エコシステム視座と包括・統合ソーシャルワーク

1 ソーシャルワーク理論の変遷

　周知のように専門的なソーシャルワーク実践は，ケースワークやコミュニティワークについては，リッチモンド（Mary E. Richmond）の実践で知られる慈善組織協会 Charity Organization Society の活動に，グループワークはYWCA等の青少年に対する教育的なグループ活動にその原点を見出すことができ，その後，米国を中心に，各々の方法がそれぞれ様々な発展過程を経て特殊専門化され発展し，いわゆる「伝統的三分法」として，あるいは社会福祉調査法やソーシャルアクションなどの間接的な方法を含めた「七分法」としてのソーシャルワーク理論・ソーシャルワーク方法論・ソーシャルワーク実践理論が形成され，実践活動が展開されてきた。

　それは，家族への実践，医療ソーシャルワークや精神保健ソーシャルワーク，またスクールソーシャルワークといった実践領域ごとの分化の流れに呼応して，援助技術の「専門分化」の潮流として理解されているが，特にケースワークの理論化において，無視することのできないのは，いわゆる「診断主義派」と「機能主義派」の論争であろう。

　第一次世界大戦後，20世紀における重要思想のひとつとも数えられるフロイト（Sigmund Freud）による精神分析学の理論・方法が，積極的に摂取され，「診断主義派」のケースワーク理論が確立していった。個人の内面への関心，生育歴・家族歴といった過去の経験の重視，パーソナリティの分析を基礎に，自我を強化し，環境への適応をはかることが目的とされた。ハミルトン（Gordon Hamilton）によって理論化が進められ，その後は，ホリス

(Florence Hollis) によって体系化され，現在もそのモデルは継承されている。

一方の「機能主義派」のケースワークは，大恐慌後の貧困問題の拡大に対する対応を迫られる中，ランク (Otto Rank) の「意志心理学」を基礎理論に構築された。ロビンソン (Verginia Robinson) らに代表されるこの理論は，過去ではなく現在の経験を重視し，クライエントの意志の力による問題解決を志向し，援助機関の機能を提供することにより，自我を自己展開することが，ケースワークの目的とされ，「診断主義派」のケースワークに厳しい批判を向けていった。

ただし，両派ともその基礎となる理論は，精神分析理論に影響を受けた力動精神医学的な視点をもち，個人のパーソナリティに関心を向けていた。その意味では，新しい「治療モデル」に傾注していたわけであるし，環境への視点や社会的視点への関心が薄れ，あるいは欠落していたということができる。その一方，この論争を経た結果，パールマン (Helen H. Perlman) の「問題解決アプローチ」など，いわゆる「折衷主義派」が登場し，歴史的経緯からみるならば，社会的視点への再認識や「生活モデル」への転換など，一定の意義があったと評価される。

その後，ソーシャルワーク理論の動向に大きな変化を与えるのが，ベルタランフィー (L. von Bertalanffy) らによる一般システム理論 General Systems Theory[1]を中心としたシステム理論のソーシャルワークへの援用である。1958年には，ハーン (Gordon Hearn) が，ソーシャルワーク実践での活用を示唆しているが[2]，1970年代に入り，その流れは顕著になり，ゴールドシュタイン (Howard Goldstein)[3]，ピンカスとミナハン (Allen Pincus & Anne Minahan)[4]，サイポーリン (Max Siporin)[5]，コンプトンとギャラウエイ (Beulah R. Compton & Burt Galaway)[6]らによるシステム理論を導入した統合的なソーシャルワーク理論が登場した。この流れは，ソーシャルワークにおける「統合化論」として理解されており，既存の方法やアプローチを支援過程において，付け足して用いたり，単純な組み合わせをおこなうというものではなく，ソーシャルワーク実践を包括・統合的にとらえなおし，共通基盤を確立し，方法の再編成をはかっていこう[7]とする流れであった。

太田は，「システム理論の実践的展開の基礎的条件を確認するために」，ソーシ

ャルワークへのシステム理論導入の意義について次のようにまとめている[8]。
　①人間科学への哲学が発想の基礎にあり，その姿勢が理論構築に具体化されていること。
　②人間の生活など生態的理解を必要とする事象の把握に，システム的思考は最適の方法であること。
　③生活という統合性をなす基本的概念を，統合的全体性（holism）として認識し，考察する視点が固有であること。
　④統合的全体性の基礎には，それを構成する要素の分析的思考方法という伝統的視点を内包しており，構造分析という視点からの意義も深いこと。
　⑤人・問題・状況などの説明概念としても，系統立った思考方向を示唆しており，論理的で説得力があること。
　⑥既成の実践モデルやアプローチと相克するものではなく，むしろ，それらの独特な実践展開の特徴を創造的に補強する思考方法として大きな意味をもっていること。
　⑦システム発想の原理ともいえる要素の複合関係，つまり流入するエネルギー・資源・情報に対応してシステムのもつ安定，均衡，相互変容，循環などの調整過程を通じてコントロールする機能は，ソーシャルワーク実践を展開する発想に示唆深いものをもっていること。
　⑧システム理論は，ものの見方であるから，理論を用いて解説されたシステムは，実体としてのシステムそれ自体ではないが，理論によって抽象的に概念化された思考方法を用いて実体のもつ本質に迫ろうとしていること。

　しかしながら，システム理論をいち早く導入し「ユニタリー・アプローチ a unitary approach」を提唱したゴールドシュタイン自らがくしくも述べているように，システム論に依拠したソーシャルワーク理論は，「状況における人間の概念をより明瞭にすると同時に，その有効性を高め[9]」，「クライエントの個人的・人間関係的・社会的・物質的世界に象徴される錯綜したネットワークを視角化[10]」し，「クライエントを分別化した単位（個人，集団，地域）として規定するのではなく（中略）全体と統合という立場に立ってこれらの社会的単位の相互関係へと視野を拡大[11]」させ，「クライエントの複雑性をワーカーが

認識できる利用価値の高い視点[12]」を提供することに成功したが,「どこか抽象的であり[13]」,「特定の状況の中でどのように応用すべきかについての方向性は全く示されていない[14]」という限界が指摘された。

その後,それに呼応するように登場するのが,ジャーメイン（Carel B. Germain）らを中心として提唱された,生態学的視点に立脚し「生活モデル life model」を重視した「エコロジカルソーシャルワーク ecological social work」である[15]。

ジャーメインによれば,生態学とは,「有機体と環境との適応的な協調と,ダイナミックな均衡や相互関係を達成するための方法に関する科学[16]」であり,「適応 adaptation」,「関係性 relatedness」,「相互交換 reciprocity」,「ストレス stress」,「対処 coping」などといった基礎概念にもとづいており,「人と状況」という伝統的なソーシャルワークの視点を意識しながら,「人間」と「環境」の交互作用 transaction がおこなわれる場を「生活」ととらえ,生態学的視点をもち,ダイナミックな人間生活そのものを支援していくソーシャルワーク実践モデルが「生活モデル」であり,この流れは「エコロジカルソーシャルワーク」として理解され,一大潮流として,ソーシャルワーク実践に具体的な支援の視点・焦点を与え,具体的な方法・技術が発展してきている[17]。

2 包括・統合ソーシャルワークの出現

ところで,昨今の米国におけるソーシャルワーク理論の動向を概観してみると,ジェネリック・ソーシャルワーク[18],ジェネラリスト・ソーシャルワーク[19],ジェネラリスト・パースペクティブ[20],ジェネラリスト・プラクティス[21],ジェネラリスト・アプローチ[22],ジェネラル・メソッド[23],といった用語が散見され,基本的潮流になっていることがうかがわれる。もちろんこの流れは,前述したソーシャルワーク理論の変遷の延長線上にあり,ソーシャルワーク実践をより包括・統合的にとらえ,一般的・普遍的な側面を確立していこうというチャレンジであるが,もうひとつ指摘しなければならないのは,米国におけるソーシャルワーク教育の変遷であり,それは大学の学部教育では,対象者や実践の分野・領域にとらわれないジェネリックな面を,大学院教育においては,

よりスペシフィックな面を教授していこうという基本的流れとしてとらえることができる[24]。

これまで、わが国におけるソーシャルワーク理論・方法論は、基本的には米国における理論動向を移入して発展してきた経緯があるが、これら近年の米国におけるソーシャルワーク理論や実践活動の動向をふまえて、「新しいソーシャルワーク実践の包括・統合的な動向を意図する用語として[25]」、「ジェネラル・ソーシャルワーク General Social Work」という表現を用い、わが国に定着させようという試みが継続的におこなわれている。現段階において必ずしも共通理解を得る段階までには至っていないが、このジェネラル・ソーシャルワークの特性概念は以下の8点にまとめることができる[26]。

①人間生活へのトータルな視野〔生活・統合的全体性〕
②利用者主体の行動概念の展開〔利用者本位・社会的自律性〕
③人と環境への生態学的視点〔システム・生態学〕
④価値・知識・方策・方法の実践システムとしての構造化〔構成要素・実践特性〕
⑤科学的・専門的知見の摂取と共同の姿勢〔専門性・多面性〕
⑥問題認識と解決過程の展開方法〔問題認識・解決過程〕
⑦方法レパートリーの統合的推進〔方法・統合化〕
⑧ミクロ・マクロのフィードバック実践〔方法論・専門職業〕

これらの諸特性には、従来からのソーシャルワーク理論において取り上げられてきた内容も含まれている。しかしながらここで重要なことは、ソーシャルワークの究極的な目標が、ひとりの人間、ひとりの生活者であるクライエントの「自立支援」、「自助の援助」にあるという点に立ち返り、包括・統合的に発想や視点、方法と展開を整理・構築する必要があり、その構想全体が、ここでとりあげたメタ理論、理論を展開するための基礎理論としてのジェネラル・ソーシャルワークであると理解することができよう。

なお、「ジェネラリスト・ソーシャルワーク」といった用語も多く使用されていることもあり、それらの明確な概念整理がされていない実情も鑑み、本論においては「包括・統合ソーシャルワーク」に統一し用いることにしたい。

図Ⅱ-1は、ジェネラル・ソーシャルワークの概念を整理し、図解したもの

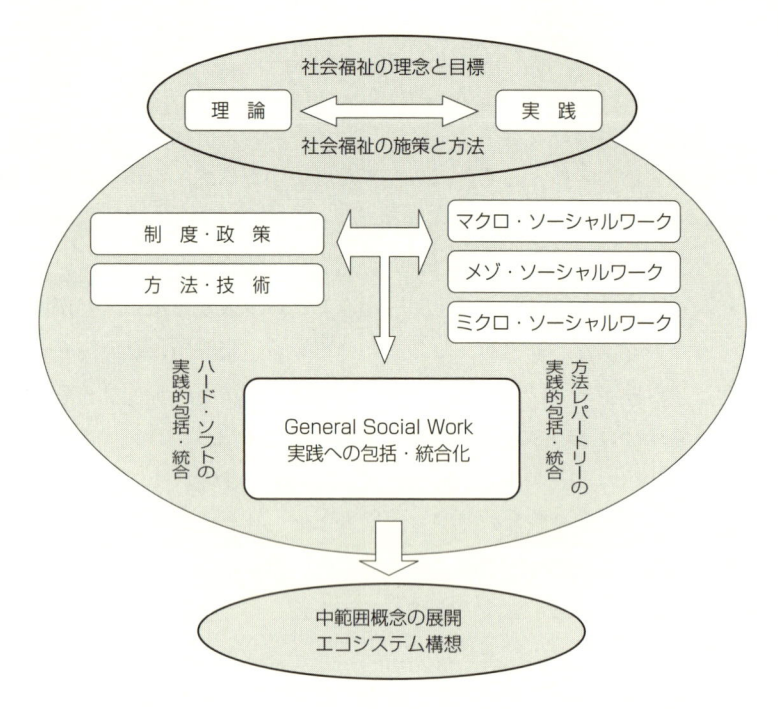

図Ⅱ-1　ジェネラル・ソーシャルワーク（太田，2003を一部改変）[27]

　だが，この支援科学という固有な方法によるジェネラル・ソーシャルワークの展開は，これまでのソーシャルワーク理論の変遷の延長線上に位置し，包括・統合性，一般・普遍性を強調した再構築の流れの中で，これまでの理論動向や概念の特性を包括的にとらえなおしたメタ理論の意味をもっている。ここでいう支援科学とは，「人間と環境より構成される社会生活で生じる課題の解決のために，固有な方法をもつ支援諸科学との学際的協働のもとに，包括・統合的視野と発想で利用者の生活支援を目標にした実践方法[28]」であり，「科学としての理論・方法・実践からなるジェネラル・ソーシャルワークの展開[29]」そのものを意味している。

　周知のようにわが国において「社会福祉とは何か」を語るとき，これまでの経緯の中で「制度・政策」と「方法・技術」をめぐって対立がみられてきた時代があった。現時点においてもなお，社会福祉としての理想や目標を意味して

いるのか，具体的サービスや仕組みの構造に焦点化されているのか，利用者側の実体を指し示しているのか，混乱が生じているように思われるし，どちらかといえば，政策科学としての社会福祉が強調されてきた側面は否めない。つまり様々な社会福祉諸課題に対する政策・制度・具体的サービスの充実に焦点化されてきた議論が優勢であった。その際ソーシャルワークは，派生的な技法・技術としてとらえてきた側面があることも否めない事実である。しかしながら社会福祉の究極的目標は，制度・サービスの充実にあるのではなく，具体的サービスを活用しながらも，自らの生活課題を解決・克服し，利用者が自己実現していくことにある。その際，社会状況が変容し，社会福祉への期待が普遍化しながらも，解決・克服すべき生活課題が複雑多様になってきている昨今であればなおさらのことであるが，「利用者の自己決定過程を保障した上で，自立した生活への支援」を「利用者と支援者の参加と協働」のもとで展開しようとする，ソーシャルワーク実践は不可欠なものである。

　包括・統合ソーシャルワークは，このような状況をふまえ，また昨今の社会福祉をめぐる実践的課題を視野に入れ，包括・統合的に再構築していこうとする発想であり，制度・政策としての社会福祉と実践活動としてのソーシャルワークを概念構成の上で，一旦分割して整理し，支援科学として，つまり利用者の自己実現を支援する実践活動としてのソーシャルワークから，社会福祉をとらえなおそうとする試みである。これまで理論と実践の乖離が何度となくいわれてきた。図Ⅱ-1にあるようにこの発想は，理論と実践を方法的視点から包括・統合的にとらえ，そのことにより制度・政策と方法・技術，つまりハード福祉を，利用者の生活支援を展開し自己実現を達成するための条件整備として，実践概念からソフト福祉へと包括・統合化し，また，「直接」・「間接」・「関連」として整理され，方法各論として紹介されている12あるいは14の支援レパートリーを，「ミクロ」・「メゾ」・「マクロ」それぞれの領域におけるソーシャルワークを通観し，実践的に包括・統合化しようとする遠大な視野をもったものである。図Ⅱ-2はその支援レパートリーと包括・統合ソーシャルワークの関連を図示したものである。

　しかしながら，システム論を援用した「統合化理論」が経験したのと同様に，

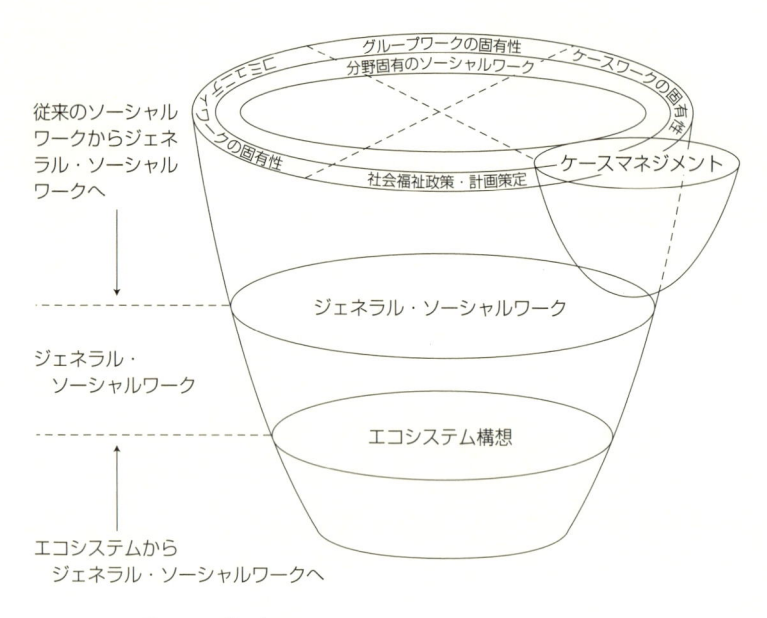

図Ⅱ-2　ジェネラル・ソーシャルワークとソーシャルワーク
　　　　旧三分法との関連（太田・秋山，1999）[30]

「それはあくまで必要な視野・視点・発想・志向・方法への示唆を与えるという抽象的な概念整理に過ぎない[31]」。ひとりひとりのダイナミックな生活を支援し，クライエントが抱える課題を「自立支援」の視点から解決を図ろうとするソーシャルワーク実践の究極的目標を達成するためには，「実践行動概念として具体化[32]」されなければならない。そのための段階的条件を以下のように示すことができる[33]。

　①支援科学という特徴を持つ実践方法論の枠組みの明確化（方法論）
　②固有なアプローチを可能にする理論としてのエコシステム概念の展開
　　（展開理論）
　③生態としての生活過程に迫る生活状況の把握（方法定式化）
　④支援ツールとしてのコンピュータ利用（支援ツール）
　⑤科学的生活支援へのエコシステム情報の処理と提供（シミュレーション）
　⑥理論・方法・ツールを駆使した実践過程展開（支援活動）

　この実践行動概念としての具体化への過程の中で，中心的な概念となってい

Ⅱ──エコシステム視座と包括・統合ソーシャルワーク

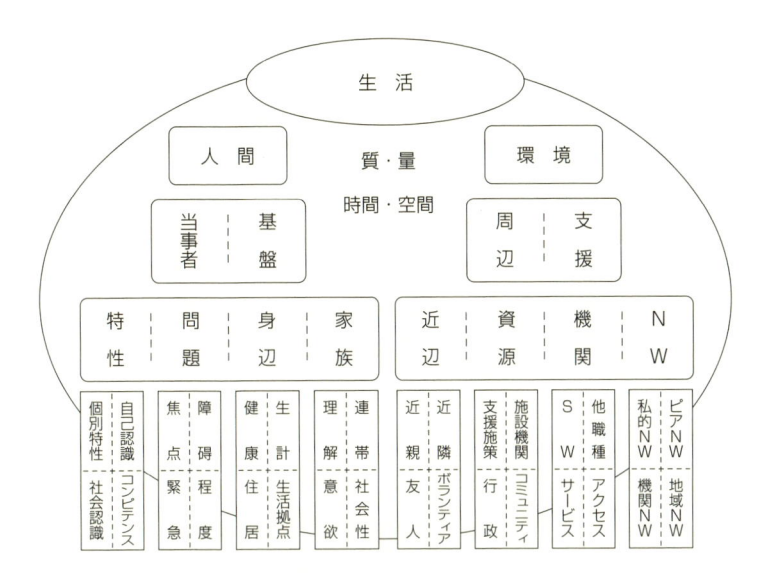

図Ⅱ-3　生活のエコシステム（太田，2003）[34]

　るのが「エコシステム Ecosystem 」という発想である。エコシステムとはそもそも「生態系」や「人間をとりまく自然環境と社会環境との相互作用をなすシステム」を意味しているが，この発想をソーシャルワーク理論に導入したのは，メイヤー（Carol H. Meyer）であり[35]，それはシステム理論と生態学理論の統合により，ソーシャルワーク理論に有効な視座をもたらそうとするものだが，図Ⅱ-3，あるいは図Ⅱ-4 にそれぞれ示すように，「エコシステム」とは，人間のダイナミックで複雑多様な「生活」という生態を，「生活の広がりをシステムという思考方法を用いて構成要素に構造分解し，それらの関係し合う働きを機能分析するシステム理論を一方で活用し，さらに他方では，生活という営みを人間と環境とが関わり合う流れとして生態学的にとらえる発想とを統合・止揚した[36]」概念であるといえる。

　繰り返しになるが，ソーシャルワーク支援の究極目標を，様々な生活課題をかかえた人々の自己実現の達成と考えた場合，その支援展開は，ソーシャルワークの構成要素である価値・知識・方策（知識）・支援方法を理解し身につけた専門支援者であるソーシャルワーカーによる，「Ⅰ．問題の把握と認識」⇒

17

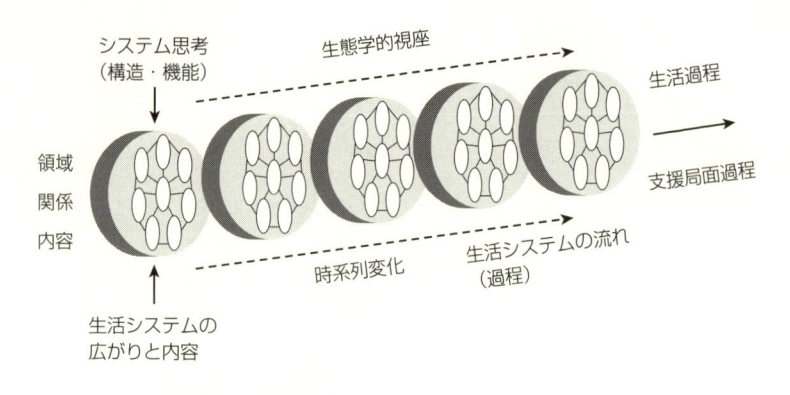

図Ⅱ-4　生活のエコシステム過程図（太田，2003）[37]

「Ⅱ．情報収集とアセスメント」⇒「Ⅲ．計画化」⇒「Ⅳ．インターベンション」⇒「Ⅴ．評価と終結」，さらに評価後のフィードバック過程を包含した専門支援過程の展開に他ならない。その際，最も重要となるのが，生活課題を抱えながらも，その課題解決にチャレンジし，自己実現を達成しようとするその人の「生活」を把握・理解することにある。人間の生活は，個々別々で，時々刻々と変化・変容する動態であり，それへの把握・理解があってはじめて，課題解決・生活の再建・自己実現への支援は成立しうる。その生活の実体を，広がりと内容について，構造と機能の点からとらえようとするシステム思考と，過程としてその流れや変化・変容をとらえようとする生態学的視座とにより，いわば複眼的発想・視野・視点をもつ概念がエコシステムである。

しかしながら，ソーシャルワークという支援活動は抽象や理念レベルの問題ではなく，利用者の生活実体に肉薄し，現実生活場面における変容や展開において真価を問われるものである。そのためには結局のところ，理論と実践をつなぐ，抽象概念やメタモデルを実践概念化する中範囲理論の考え方が必要であり，その構想が「エコシステム構想 Ecosystems Project」と呼ばれているものである。そのアイディア，方法については次章において言及することにしたい。

3 精神保健ソーシャルワーク実践と包括・統合ソーシャルワーク

(1) 精神保健ソーシャルワーク実践の変遷

「精神保健福祉士法」第2条では，精神保健福祉士を，「精神障害者の保健及び福祉に関する専門的知識及び技術をもって，精神病院その他の医療施設において精神障害の医療を受け，又は精神障害者の社会復帰の促進を図ることを目的とする施設を利用している者の社会復帰に関する相談に応じ，助言，指導，日常生活への適応のために必要な訓練その他の援助を行うこと（以下「相談援助」という）を業とする者」と定めている。つまりPSW（精神保健福祉士）の業務とは，精神疾患に罹患し，その後，精神に障害を抱えている人々を対象に，社会復帰・社会参加，日常生活の維持・向上に関して，支援をおこなうことである。

わが国の精神保健福祉フィールドにおけるソーシャルワーク実践，PSWによる実践は，1948年，国立国府台病院に「社会事業婦」が臨床チームの一員として配置されたことにはじまるが，PSWがその支援の対象としている精神障害者は，いまからおよそ100年前の1900年，「私宅監置」を中心とした「精神病者監護法」の制定以後，PSWの活動がスタートした第二次世界大戦以降の精神障害者対策の変遷を振り返ってみても，その時々の日本の精神医療体制あるいは精神保健福祉行政の成り行きに翻弄されながら今日まで決して充分とはいえない制度・政策の中で，厳しい境遇におかれつづけてきた[38]。同様にPSWの実践も，精神医療体制，精神保健福祉行政の変遷の中で揺れ動きつつ，その存在意義を見出し，地道な実践を積み重ね，紆余曲折を経て成長・発展を遂げ，その地位を確立してきた。そのひとつの結実が精神保健福祉士の国家資格制度化である。

わが国のPSWによる実践を常にリードしてきた谷中は，精神保健福祉士の資格化にいたる今日までのPSWの活動の変遷を，

　①精神病院での取り組みと専門性の確立（1969年以前・協会成立）
　②地域における実践からの問いかけ（1970〜1979年・実施と混乱）

表Ⅱ-1　精神保健福祉法制の変遷と援助・支援の視点・実践モデル（筆者作成）

精神保健福祉法制の変遷	関連重要事項	精神障害者対策法の性格（高柳, 1996）	PSWの活動の変遷（谷中, 2000）	支援視点	実践モデル
1950 精神衛生法	1948 国立国府台病院にPSW配置 1964 ライシャワー駐日大使刺傷事件 1964 日本PSW協会設立	「精神障害者救済法」期	精神病院での取り組みと専門性の確立（1969年以前）	収容・入院治療 ↓	治療モデル ↓ ↓ ↓
1965 精神衛生法改正	1973 Y氏問題発覚 1982 札幌宣言 1984 宇都宮病院事件	「精神障害者対策法」期	地域における実践からの問いかけ（1970～1979） 精神障害者の社会的復権と福祉に向けて（1980～1989）	地域精神衛生 リハビリテーション	
1987 精神保健法 1993 精神保健法改正	1993 障害者基本法 1994 地域保健法	「人権擁護対策法」期	社会復帰施設と地域生活支援センター／社会復帰促進と人権擁護（1990～1999）	社会復帰 人権擁護	生活モデル ↓ ↓ 参加・協働モデル（エコシステムモデル）
1995 精神保健福祉法 1999 精神保健福祉法改正	1996 障害者プラン 1997 精神保健福祉士法 2002 新障害者プラン	「精神障害者福祉法」期		社会参加 自立生活支援	

③精神障害者の社会的復権と福祉に向けて（1980〜1989年・再生期）
④社会復帰施設と地域生活支援センター（1990〜1999年・地域ネットワーク化）
⑤社会復帰促進と人権擁護（1990〜1999年・資格化）

の5つに分けて述べている[39]。そこでわが国のPSW実践の変遷について、①専門性確立への模索、②社会復帰と人権擁護、③国家資格化と自立した地域生活への支援、という3点について、精神障害者処遇の変遷にもふれながら、述べておくことにしたい。なお、表Ⅱ-1は、第二次世界大戦後の精神保健福祉法制の変遷と関連する重要事項とその流れの中での支援の視点および実践モデルの変化についてまとめたものである。

(2) 専門性確立への模索

上述したように、わが国においてPSWによる実践がスタートしたのは、1948年に臨床チームの一員として国立国府台病院に「社会事業婦」が配置されたことにはじまるが、これは力動精神医学に影響を受けた精神科医の考えによるところが大きく、その後は、同様の考えをもった精神科医のいる民間精神病院を中心に、偏在的にPSWの数が増加していった。

1964年、全国に偏在している76名のPSWにより、「自分達の公的発言力を強めてゆけば、それが結果として対象者のニーズに応えることにつながる[40]」という思いのもと、「日本精神医学ソーシャル・ワーカー協会」（現：日本精神保健福祉士協会、以下「日本PSW協会」）が設立された。しかしながら同年、「ライシャワー駐日大使刺傷事件」が起き、その後、精神病院数、そこでの在院日数が右肩上がりの増加を続けるという社会的状況の中PSWは、「長期入院」と「地域での生活」との狭間で、「民間精神病院で職を得ている立場で、精神病院の批判をすることは自己矛盾に落ち込む[41]」というディレンマの中、専門性の確立と待遇の改善を目標に努力を継続していた。

1973年、その後10年にわたり日本PSW協会の活動が機能停止状態に陥るような大きな事件、「Y問題」が発覚する[42]。協会では、この事件を通して浮き彫りになった、対象者のおかれている社会的状況やPSWの立場性・役割などを、日常の実践を点検することを通して徹底的に討議し、その結果1982年、

「対象者の社会的復権と福祉のための専門的社会的活動」というPSWの基本的立場・視点・業務を確認するにいたった。

これは「札幌宣言」と呼ばれているが、現在においてもPSWの実践の基本をなすものと理解されている。またこのような厳しい情勢の中にあっても、共同住居の活動、共同作業所・患者会活動への支援、「やどかりの里」に代表されるような中間施設の設立等がPSW主導で展開され、精神障害者は日常生活を困難にさせる障害（障害の概念でいう「社会的不利」も含めて）を有し、その生活を支えるために地域をベースにした、福祉的サービスの必要性を強調する視点が形成されていった。つまりこのことは、ソーシャルワーク実践において対象者を、「人」と「環境」あるいは「状況の中の人間」ととらえる、従来からの基本的視点にも合致し、PSWの実践展開のモデルが、医学的管理下という色彩の濃い「治療モデル」から「生活モデル」へと確実に転換したことでもある。

(3) 社会復帰と人権擁護

1983年、看護者による入院患者に対するリンチ殺人に端を発する、いわゆる「宇都宮病院事件」が明らかになり、日本の精神医療体制、精神障害者に対する人権侵害の現状は、世界的な批判にさらされた。この事件は、1980年、WHOが「国際障害分類」を公表することにより障害の概念が普及し、1981年、「障害者の完全参加と平等」をスローガンにした「国連・国際障害者年」により「ノーマライゼーション理念」が高く掲げられていた情勢の中での出来事であり、関係者に多大な衝撃を与えた。

結果として、精神障害者の人権擁護や入院制度の見直し、社会復帰対策の充実を柱に、1987年、「精神保健法」が「精神衛生法」改正の形で制定され、社会復帰施設等も整備されるに至った。その社会復帰施設では配置される職員として「精神科ソーシャルワーカー」が明示され、このことはこれまでのPSWの実践が一定の評価をされたものと理解することができる。この時期、PSWはこれまでの活動に加え、当事者運動への積極的支援等をおこない、精神障害者を生活者ととらえ、「生活モデル」にもとづいた実践を確固たるものにしていった。

1993年には,「障害者基本法」が成立し,精神障害者が身体障害・知的障害と同等に「長期にわたり日常生活又は社会生活に相当な制限を受ける者」として正式に法律の中で位置づけられた。これは現在にいたるその後の流れを形成する大きな出来事であり,1995年の「精神保健及び精神障害者福祉に関する法律」への改正へとつながった。つまり,この改正により名実共に精神障害者が,日常生活を営むのに困難な障害を有した生活者として,社会福祉の対象であることが認められた。これは,精神障害者に対する支援のパラダイムの転換を促す結果につながっている。

(4) 国家資格化と自立した地域生活への支援

　上述した1995年の法改正,またその後の1999年の改正により,「精神障害者保健福祉手帳」や地域生活をサポートするホームヘルプサービス・ショートステイ・グループホームといった在宅福祉施策の充実や,「地域生活支援センター」をはじめとする地域精神保健施策の充実,適正な精神医療,人権に配慮したサービスの確保など,これまであまりに立ち遅れてきた精神障害者に対する施策は整備・充実の方向へと流れてきた。精神医療は,入院至上主義のもと精神障害者を囲い込んできた医療から,地域社会,地域におけるケアを見据えた医療へと,言い換えるならば「精神病院を軸とした医療」から「地域社会を軸とした医療」へとパラダイムの転換を迫られている。ノーマライゼーション理念の浸透,人権意識の台頭,新しい障害概念の登場,地域精神保健福祉活動の活発化,多職種による精神科チーム医療の実践・展開,また当事者運動,家族会活動の展開等がこのパラダイムの転換を牽引している。

　そのような中で,1997年,紆余曲折を経ながら,これまでの地道な活動の積み重ねの結実として,新しい時代の中心的なマンパワーとしての「精神保健福祉士」が国家資格化された。現在PSWの実践は,様々な状況変化の中,「治療モデル」に依拠した実践から,「利用者主体」・「自立支援」・「地域生活支援」・「自己決定」といったキーワードに代表されるように「生活モデル」そして「参加・協働モデル」・「エコシステムモデル」に依拠した実践へとパラダイムの転換を迫られており[43)],これまで以上に,精神保健ソーシャルワーク実践とは何かについて,その専門性も含め,再構築していかなければならな

い。その際の基本的スタンスが，包括・統合ソーシャルワークの発想であり，その具体的展開であると考えられる。

(5)「生活支援」・「包括・統合ソーシャルワーク」・「参加と協働」

　上述したようにわが国における精神保健ソーシャルワーク実践は，「治療モデル」から，「生活モデル」に依拠した実践へと，そのパラダイムを大きく転換させている。そもそもソーシャルワーク実践の支援焦点は，生活課題を抱えた利用者の「自立した生活への支援」にあり，精神保健福祉領域における支援においても，その真価が問われる時期が到来したということができる。

　精神保健ソーシャルワーク実践において，「生活支援」の理念をいち早く提唱してきた谷中は，その支援視点について「分裂病という脳の病気をもった人も患者としてではなく，生活者とみなそうというのである。患者としてではなく，ごく普通の人として，一人前の人として見ることが重要な視点なのである。生活者としての視点が基本なのである。たとえ『症状』を持っていても，ごくあたりまえの『生活』が可能かどうかが問題とされる」のであり[44]，①責任能力のある人，すなわち一人前の人として「あたりまえにつきあう」こと，②あたりまえの生活を手に入れること，③その人らしい人生を認め，普通の状態にもっていくための訓練や指導を抜きにして生活を支えていくことが重要であると述べている[45]。このような支援視点は，これまで精神保健ソーシャルワーカーの間では共通理解が得られてきていたと考えられるが，視点が視点に終始し，現実に展開できる状況になかったことも事実であり，その展開方法が未成熟であったことも否めない。現在ようやく，そのスタートラインが整ったという段階であるといっても過言ではない。

　さらに，制度・政策の貧困さ，社会的無理解・偏見等に加え，直接的な支援対象である精神障害者がもつ疾患と障害の複雑困難さも，生活支援が充分に進まない要因のひとつとして考えられる。この点については従来から，「疾患と障害の共存」や「生活のしづらさ」，「生活障害」と呼ばれ，充分な把握・理解が必ずしもなされてこなかった点である。

　結局のところ，精神障害者の生活支援という精神保健ソーシャルワーカーの支援活動は，場面場面での小手先の援助技術や技法の提供ではなく，精神障害

者のリアルな生活実体にせまり，その動態としての生活を包括・統合的に把握することが不可欠であり，そこからアセスメントを実施し，支援計画を立案し，インターベンションをおこない，モニタリング・評価を実施し，次の展開につなげるという一連のプロセスの中ではじめて成果が得られる。つまり，エコシステム視座にもとづく支援科学としての包括・統合ソーシャルワークを，具体的に展開していくことにより達成すると考えられるのである。

また，パラダイム転換により，「精神障害者の自己決定過程を保障した上での，自立した生活構築への支援」を，利用者と専門支援者の「参加と協働」により展開していくことが，今後強く志向されていくと考えられるが[46]，それには次章以降で言及する「エコシステム構想」にもとづく「支援ツール」を活用した支援展開がひとつの具体的方法として意味をもってくると考えられる。

■注■

1) Bertalanffy, L.V. 1968. *General System Theory : Foundations, Development, Applications*, George Braziller, Inc., New York.（＝1973　長野敬ほか訳『一般システム理論—その基礎・発展・応用』みすず書房）
2) Hearn, G. 1958. *Theory Building in Social Work*, University of Toronto Press.
3) Goldstein, H. 1973. *Social Work Practice : A Unitary Approach*, University of South Carolina Press, South Carolina.
4) Pincus, A., & Minahan, A. 1973. *Social Work Practice : Model and Method*, F. E. Peacock.
5) Siporin, M. 1975. *Introduction to Social Work Practic*, Macmillan.
6) Compton, B.R., & Galaway, B. 1975. *Social Work Processes*, Dorsey Press.
7) 小松源助（1993）『ソーシャルワーク理論の歴史と展開：先駆者に辿るその発達史』川島書店　160頁
8) 太田義弘（1992）『ソーシャル・ワーク実践とエコシステム』誠信書房　74-75頁
9) H. ゴールドシュタイン／秋山薊二訳（1984）「ソーシャル・ワーク実践理論の変化の果たす役割—統合アプローチから認知的ヒューマニズムへ」『ソーシャルワーク研究』10(3)　209頁
10) 同上
11) 同上
12) 同上　210頁
13) 同上
14) 同上
15) C. ジャーメインほか／小島蓉子編訳（1992）『エコロジカル・ソーシャルワーク—カレル・ジャーメイン名論文集』学苑社
16) 同上　8頁
17) たとえば，A. ハートマンにより開発された「エコマップ eco-map」等は，現在，わが国のソーシャルワーク支援過程の中で，積極的に活用されている
18) Barker, R. L. 1995. *The Social Work Dictionary*, 3rd edition, NASW Press, p.149.
19) Miley, K. K., O'Melia, M., & DuBois, B. S. 1995. *Generalist Social Work Practice: An Empowering*

Approach, Allyn and Bacon, pp.10-13.
20) Sheafor, B.W., Horejsi, C. R., & Horejsi, G. A. 1994. *Techniques and Guidelins for Social Work Practice*, Allyn and Bacon, pp.56-57.
21) Morales, A., & Sheafor, B. W. 1989. *Social Work: A Profession of Many Faces*, Allyn and Bacon, pp.22-23.
22) Johnson, L. C. 1983. *Social Work Practice: A Generalist Approach*, Allyn and Bacon, pp. 42-44.
23) McMahon, M. O. 1996. *The General Method of Social Work Practice: A Generalist Perspective*, 3rd edition, Allyn and Bacon, pp.36-37.
24) 横山穰（1997）「アメリカにおけるソーシャルワーク教育の動向と課題―1980年代以降　のソーシャルワーク論の新展開」『北星論集』第34号　135-145頁
　　横山穰（1998）「アメリカにおけるソーシャルワーク教育について―1980年代以降の動向を学士課程を中心に」『北星論集』第35号　79-95頁
　　渡部律子（1998）「ソーシャルワーク教育におけるジェネラリストの視点」『ソーシャルワーク研究』24(1)　31-46頁　等を参照
25) 太田義弘・秋山薊二編著（1999）『ジェネラル・ソーシャルワーク―社会福祉援助技術総論』光生館　18頁
26) 同上　21頁
27) 太田義弘（2003）「ソーシャルワークの臨床的展開とエコシステム構想」『社会学部紀要』（龍谷大学社会学部学会）22　2頁
28) 前掲　太田・秋山（1999）　25頁
29) 同上　27頁
30) 同上　231頁
31) 同上　27頁
32) 同上
33) 同上
34) 前掲　太田（2003）　5頁
35) Meyer, C. H. (Ed.). 1983. *Clincal Social Work in the Eco-Systems Perspective*, Columbia University Press.
36) 前掲　太田・秋山（1999）　30頁
37) 同上
38) 高柳は，戦後の1950年，精神衛生法が成立してから今日までのわが国の精神障害者対策の変遷を，
　　①「精神障害者救済法」期（1950～1965年）
　　②「精神障害者対策法」期（1965～1987年）
　　③「人権擁護対策法」期（1987～1995年）
　　④「精神障害者福祉法」期（1995年以降）
　　と，その法律の性格に応じ4段階に分け，分析を加えている。高柳功（1996）「精神保健法の変遷とその将来」『臨床精神医学』25(5)　509-513頁
　　また，第二次世界大戦後の精神障害者施策の変遷については，松浦五朗・中村和彦（2000）「精神障害をもつ人々の現状と課題」『広島文教女子大学紀要』第35巻　231-238頁　を参照
39) 谷中輝雄（2000）「精神障害者福祉とソーシャルワーク―精神医学ソーシャルワーカーの活動の足跡」『ソーシャルワーク研究』25(4)　301-307頁
40) 日本精神医学ソーシャル・ワーカー協会20周年記念全国大会運営委員会（1984）『日本精神医学ソーシャル・ワーカー協会20年の歩み』日本精神医学ソーシャルワーカー協会　2頁
41) 前掲　谷中（2000）　302頁
42) 「Y問題」とは，大学受験をひかえていたY氏が，受験に対する精神的プレッシャーと腰痛による

身体的負担が重なり，そのことが家族関係に影響を及ぼし，家族内に緊張が生じ，案じた家族が，医師や保健所，精神衛生センター（当時）のPSWに相談。Y氏本人の意思を確かめることなく，医師の診察もおこなわれず，警察官の応援を求め，入院させてしまったという経緯をもつものである。その際，PSWの面接記録と紹介状が医師の記録として用いられてしまっている。1973年，横浜で開催された全国大会の席上，Y氏本人が「二度と人権を無視し，侵害することのないように」とPSWに直訴し表面化した。「PSWの加害者性」が提起され，その後10年にわたり，PSW協会は組織的混乱に陥った。

43) 中村佐織（2000）「ソーシャルワークの病理モデルからエコシステム・モデルへの移行」『ソーシャルワーク研究』25(4)　271-279頁　を参照
44) 谷中輝雄（1996）『生活支援—精神障害者生活支援の理念と方法』やどかり出版　145-146頁
45) 谷中輝雄（2002）「精神障害者生活支援の理念」全国精神障害者社会復帰施設協会編『精神障害者生活支援の体系と方法—市町村精神保健福祉と生活支援センター』中央法規出版　30-54頁
46) 本研究における「参加と協働」は，利用者の生活支援の展開過程に，利用者と専門支援者が互いに参加し協働するということに焦点をあてているが，長年にわたり精神障害者の生活支援を実践してきた寺谷の次の指摘は今後の精神科ソーシャルワーク実践の方向性を示唆していると考えられる。寺谷は2002年を振り返り次のように述べている。「……地域生活支援の本格始動が期待されているが，その到達には住民参加と協働の促進がなければとても成就することはできない。」「ここでいう住民とは，サービスの利用者であるかどうか関わるものではない。誰もが参加し協働することを可能とすることで，多様なサービスを創り，必要に応じて選択し利用する機会を身近にして暮らすための環境形成に精神保健福祉士の真価が問われている。」寺谷隆子（2002）「参加と協働への挑戦」『精神保健福祉』33(4)　285頁

III 精神障害者の生活特性と生活支援

1 生活のエコシステム状況への理解

(1) 生活への理解

　ソーシャルワーク支援の究極的目標が、利用者の自己実現にあり、生活への支援という具体的方法を展開する時、利用者の生活実体に接近し、充分に把握し理解した上で、支援を展開するという一大前提がある。ところが、従来のソーシャルワーク実践においては、理念が先行し、必ずしも充分に検討されてこなかった事実がある。それは、「生存して活動すること」、「世の中で暮らしていくこと」[1]である生活が、あまりにも日常的な営みであり、自明のことと考えられ、その一方で、包括的で多義的な概念であり、さらに一生活者の視点からみれば個々別々で複雑であり、把握・理解することへの困難さが立ちはだかっているからであろう。

　ところで、社会学や社会福祉に関連する辞典類を一覧してみると、「生活意識」、「生活学」、「生活過程」、「生活環境」、「生活機会」、「生活空間」、「生活圏」、「生活構造」、「生活史（ライフヒストリー）」、「生活支援」、「生活時間」、「生活指標」、「生活周期（ライフサイクル）」、「生活障害」、「生活水準」、「生活ストレス」、「生活世界」、「生活体系」、「生活の質」、「生活者」、「生活福祉」、「生活目標」、「生活問題」、「生活様式（ライフスタイル）」、「生活力」といったような様々な用語が見出せ[2]、これだけをとっても「生活」がもっている包括性・多義性・複雑性が理解できるが、その一方で、「生活」をいかにとらえようとするのか、その様々な接近方法を垣間見ることもできる。そして、これらの用

語の多くは，ソーシャルワーク実践展開を考察する上で，必要不可欠なものとなっている。

これら「生活」を直接の考察対象として積み上げられてきた研究は，これまで，主に経済学や社会学といった社会科学の学問領域において展開されてきた。たとえばわが国における，貧困層や労働者階級の生活時間や家計の構造を分析した篭山[3]や，生活構造という新しい分野を開拓し，「生活学」を提唱した中鉢[4]などの業績は，先駆的な経済学からのアプローチとして有名なものであるし，また，青井，松原，副田，倉沢，森岡などの業績[5]は，社会学からのアプローチであり，それらは「生活構造論」・「生活体系論」としてまとめられてきている。

「生活理解」への種々のアプローチの成果として，わが国独自の展開である「生活構造論」は，「……生活ならびに生活構造について概念化することは，とらえどころのない生活諸事象をかきわけまとめあげていく作業でもあるため，一定の約束事（規定）や分析視角・枠組みの上でしか，その接近が図られないこと了解しておくことが必要であろう[6]」という指摘を前提にしても，いまなお，ソーシャルワーク実践において，利用者の生活を把握・理解しようとする時に，きわめて重要な示唆を与えてくれるものである。

社会学のアプローチから「生活構造論」を説いた副田は，「生活構造」について，「ひとびとがいとなむ生活は，まことにさまざまである。その多様さにたちむかい，それらの生活に共通する要素を抽出するとき，えられる要素の連関のひとつとして，生命の生産→生命の消費→生活手段の生産→生活手段の消費→ふたたび，生命の生産→……という循環式[7]」があり，「構造という概念を，対象を構成する諸要素のあいだの連関の総体というほどの意味でもちいるならば，さきの循環式を生活構造とよぶことができよう。この構造は，あらゆる時代と場所の生活に共通してみいだされる[8]」と述べている。

また岡部は，「……人間のもっとも基本的な営みである生命の生産・維持・発展させる一連の過程，すなわち自己の生命の再生産と時代の生命の生産を含めた生活や，またそこを通して生産・再生産される人と人との関係性を時間軸と空間軸の中でとらえたもの，を総称して生活構造と呼んでいると考えてさしつかえないとおもわれる[9]」と述べている。

Ⅲ――精神障害者の生活特性と生活支援

ソーシャルワーク実践において，利用者の生活を，人間と環境との関係性，時間，空間との関連の中で把握し理解しようとする時，生活に共通する要素をつむぎだし，その要素と要素の連関から「生活」を理解しようとする「生活構造論」によるアプローチへの認識は不可欠であると考えられる[10]。

いずれにしても，ソーシャルワーク支援において，利用者の生活にいかに肉薄し，どのように把握・理解するのかは，きわめて重要な課題であり，これまでの「生活理解」への知見の積み重ねについて，通じておかなければならないことはいうまでもないことである。

(2) 生活のエコシステム状況理解

その一方で，ソーシャルワーク実践は，利用者の日々の営みである生活全般にかかわっており，生活がもっている時々刻々と変容する動態としての特性を認識する時，生活の変容過程を直接的に支援する過程展開そのものに実践の真価が問われているといえる。つまりそれは，生活のダイナミックな変容過程をどのように把握・理解するのかということが問われていることでもある。

前述した「生活構造論」に代表されるような生活理解へのアプローチは，記述説明的な要素をもっており，医療診断におけるレントゲン撮影やCTスキャンによる断層映像のように，動的状況を一旦停止させ，あぶりだすのにはきわめて効果的であるが，変容過程を連続性をもって把握するには限界が感じられる。このことはまさに，本論第Ⅱ章第1節でふれた，ソーシャルワーク理論の変遷において，システム理論が援用された時に見出された限界と同様の意味をもっているように思われる。

ソーシャルワーク理論の変遷過程において，システム理論の導入後，1980年代に登場した，ジャーメインらによる「生態学」に依拠し「生活モデル」を重視した「エコロジカル・ソーシャルワーク[11]」の発想は，「適応」・「関係性」・「相互交換」・「ストレス」・「コーピング」といった生態学の基礎概念にもとづき，「人間」と「環境」の交互作用がおこなわれる場を「生活」ととらえ，そこでの人間の変容や成長を把握しようとする実体概念としてとらえることができる。また，メイヤーらを先頭に展開された，その後の「エコシステム視座 Eco-Systems Perspective[12]」は，利用者のユニークで複雑・多様であり，動態

としての生活を,生活システムの広がりと内容やその要素を,構造・機能的にシステム思考から把握し,生活システムの流れを,生態学的視座から,時系列の変容過程として理解しようとすることを推進するものであった。

「生活」という概念は,ソーシャルワーク実践にとって,その実践特性を規定する際のひとつの重要な特性概念である。人間の生命そのものや生活の質や生きがいからはじまり,日々生活を営んでいくための手段となる経済関係,家族・家庭や職場・学校,近隣やコミュニティといった種々の社会関係等々,生活者自らと環境とを含んだ複雑・多様なシステムから構成されている。

一方で,人間にとっての生活は,その生活主体自らの日々の実感や現実の積み重ねから成立しており,他者からは部分的に,あるいは大掴みな輪郭としてとらえるしかない広がりや流れ,複雑で固有な内容や関係から構成されている。その唯一固有な領域・内容・関係からなる生活実体を体系的にとらえ,環境との関係や変容の過程を生態的に理解しようとする発想・視野・視点が「エコシステム視座」であり,理解が困難な生活という現実を理解可能な方法で追究し,ソーシャルワークの理論と実践の架け橋の役割を果たそうとする方法が,「エコシステム構想」と呼ばれるものである。これにより,ソーシャルワーク実践展開において,利用者の生活実体にできうる限り近づき,同時にそのダイナミックな変容過程を「生活のエコシステム状況」として把握・理解しようとすることが可能となってきたといえる。

2 精神障害者の生活特性

ところで本研究は,ソーシャルワーク実践領域である精神保健ソーシャルワーク,精神障害者への支援を一例として,生活理解の方法や精神科ソーシャルワーカー養成の方法に焦点化し,考察展開しているが,精神障害者の障害や生活を把握し理解することが困難であることは周知のことであろう。

すでに述べてきたが,わが国において,精神障害者の生活への関心,あるいは生活課題への支援が,具体的政策課題としてはっきりと社会的に認知されるようになったのは,この十年余のことである。極論かもしれないがそれまでは,生活課題を抱えた対象として,あるいは社会福祉の対象として,とらえられて

こなかった現実もしっかりと認識しておかなければならない。そのひとつの要因に，統合失調症を中心とした精神疾患に罹患し，その後，障害を抱え，多重な生活課題の克服に苦闘する精神障害者の生活の姿が見えにくく，それゆえ，捉えることがきわめて困難であるという理解のまま推移してきた面が指摘できよう。精神障害者支援のパラダイム転換が起こり，入院中心から地域生活支援の流れが本格的になってきた今日，精神障害者の生活に肉薄し，その実体を把握・理解する構想や方法が求められている。

　ところで，精神障害者特性の理解を進める上で，重要な用語がある。それは「疾病と障害の併存」である。罹患した精神疾患は，統合失調症を中心に，原因が特定されておらず，つまり完治することが困難であり，たとえ症状が服薬により落ち着いているとはいえ，容易に再発を繰り返し，生活の中で一生涯を通じ，療養が必要である。一方，そのような精神疾患から引き起こされる障害は，生活全般にわたり影響を及ぼし，疾病の状態により直接，軽重の範囲を行きつ戻りつする。そのような精神障害の特性を，蜂矢は「疾病と障害の併存」ととらえ精神障害論を提唱したが，図Ⅲ-1にその構造図を示したが，これは，一般に「蜂矢理論」と呼ばれており，WHOの「国際障害分類 ICIDH」や，身体障害分野の上田によるモデルを援用し，「精神疾患」と，その疾患をベースにした「機能障害」・「能力障害」・「社会的不利」という障害の構造を区別した

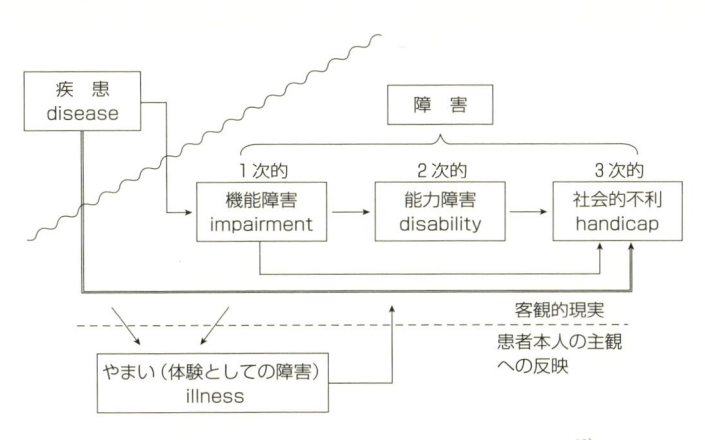

図Ⅲ-1　精神障害における疾患と障害の構造 (蜂矢，1986)[13]

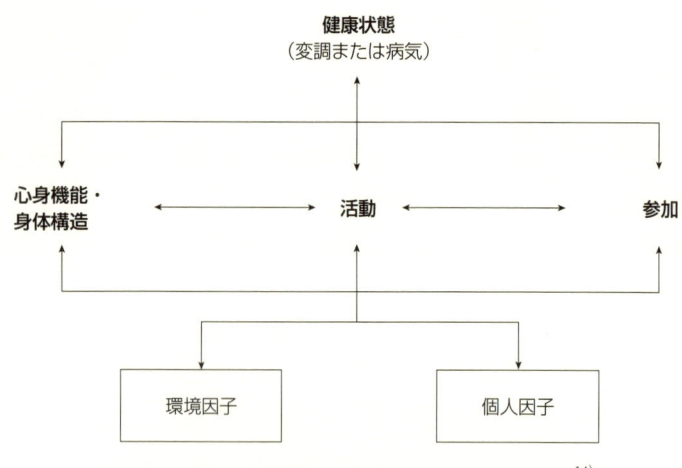

```
                      健康状態
                  （変調または病気）
                         │
         ┌───────────────┼───────────────┐
    心身機能・          活動              参加
    身体構造   ←──→           ←──→
         │               │               │
         └───────┬───────┴───────┐
                 │               │
              環境因子          個人因子
```

図Ⅲ-2　ICFの生活機能と障害のモデル（WHO，2001）[14]

画期的なものであり，現在に至るまで，精神障害の特性をとらえる視点として位置づいている。

ところで，蜂矢が参照したWHOによる国際障害分類は，2001年5月，「国際生活機能分類 ICF：International Classification of Functioning, Disability and Health」として改定され，総会において採択された。図Ⅲ-2に，ICFによる障害の概念図を示しているが，図を見てわかるように，ICIDHと比べ，

① 構成要素の表現を中立・肯定的な点に変更としたこと
② 構成要素間の関係を直線因果関係から，相互作用関係に改めたこと

そして何よりも，

③ 個人因子とともに，環境因子を独立して規定したこと

などに大きな変更点がみられた。特に③の環境因子の強調については，「人と環境の交互作用」という支援焦点を重視するソーシャルワーク実践を理解する者にとっては，「わが意を得たり」の感をもつが，ICFのモデルは，障害の有無，軽重に環境要因が大きく影響していることを指摘するにとどまらず，環境の調整・整備というターゲットを強く示唆しているという点で重要な意味をもっている。今後，ICFのモデルにより，精神障害の特性を捉える新しいモデルを構築していく課題にいち早く取り組んでいかなければならない。

ところで表Ⅲ-1は，1992年に全国精神障害者家族会連合会が，精神障害当

表Ⅲ-1　日常生活で自信のないこと[15]

	内　　容	％
①	食事を作ること	29.8
②	図書館・公民館など公共機関・施設の利用	28.3
③	自分から進んで人と付き合い友達を作る	22.8
④	趣味を含めて生活のはりを見つける	20.3
⑤	洗たく・掃除・整理整とんすること	19.0
⑥	規則的な生活を送ること	15.5
⑦	自分でお金の管理をする	14.5
⑧	清潔・身だしなみを自分で気をつける	11.3
⑨	交通機関を不安なく利用する	11.2

事者に対して実施した全国調査の結果からまとめたものであるが，「日常生活で自信のないこと」として，3769人による複数回答の結果は，「食事を作ること」や「洗たく・掃除・整理整とんをすること」といった，日常生活を送る中で，日々不可欠なことがらへの困難や，対人関係に関すること，「公共機関・施設の利用」といった社会生活上の課題など，生活全般にわたっていることが理解される。

　これらは，わが国独特な精神障害者支援の展開であった「生活臨床」を提唱した臺により示された，「生活障害」，「精神病は不自由病である」といった障害理解の視点[16]や，ソーシャルワーカーの立場で先駆的に精神障害者の生活支援を実践し，「あたりまえの生活」の実現を推進した谷中のいう「生活のしづらさ」の視点[17]として理解されてきたところである。さらに最近，注目を浴びている，精神障害者の能力や強さに焦点を当てようとする「ストレングス・モデル」[18]など，精神障害者の生活特性を理解する上で，整理すべき重要な視点であると考えられる。

3　精神障害者への生活支援

　黒澤によれば「生活支援」とは，「生活のもつ個別性，歴史性，地域性などを配慮しながら……，健康で文化的な生活を支え……，自立支援を目的としている……（後略）[19]。」とまとめることができるが，わが国において精神障害者

表Ⅲ-2 社会復帰活動と生活支援活動 (谷中, 1996)[20]

	社会復帰活動（医療モデル）	生活支援活動（生活モデル）
主体	援助者	生活者
責任性	健康管理をする側	本人の自己決定による
かかわり	規則正しい生活へと援助	本人の主体性へのうながし
とらえ方	疾患・症状を中心に	生活のしづらさとして
関係性	治療・援助関係	共に歩み・支えとして
問題性	個人の病理・問題性に重点	環境・生活を整えることに重点
取り組み	教育的・訓練的	相互援助・補完的

への生活支援は，ソーシャルワーカーである谷中を中心とした「やどかりの里」における実践が先駆的取り組みであり，現在にいたるまで，他の活動をリードし，多大な影響を与えてきた[21]。

表Ⅲ-2は，谷中による「医療モデルによる社会復帰活動」と「生活モデルによる生活支援活動」を対比させ整理したものであるが，「生活のしづらさ」をもっていても，地域の中で継続した生活を送ることができることを目指し，「ごく当たり前の生活」を生活支援の理念として掲げ，実践を通じ理論を構成していった。治療モデル（医療モデル）から出発していた従来の精神障害者に対する社会復帰活動を批判的に検討し，①「病者」ではなく「生活者」として精神障害者をとらえようという「当たり前の人として」，②責任能力のある人として，「当たり前のつき合い」をする視点，③権利として当たり前の生活を保障し，当たり前の生活を可能にしていくという 2 側面から，「当たり前の生活」をとらえ，そして，④その人らしい生活やその人なりの生活という意を込めて，「ごく当たり前の生活」という 4 点から，生活支援の理念を説明している[22]。

さらに生活支援の方法として，具体的に，①選択肢を多くすること，②ステップ方式をとらない，③自然な形で地域に住むこと，④意思のない人ではないということ，⑤一人歩きでなく，仲間の連帯の中での自立ということ，⑥生産より，出会いと創造へという重要点を示している[23]。

その後東京都板橋区での「JHC板橋」の実践展開[24]，北海道・十勝地区の活動[25]，また，浦河町「べてるの家」を中心とした実践[26]などが，精神障害者の地域生活支援の実践例として紹介されてきている。

Ⅲ——精神障害者の生活特性と生活支援

　一方で，精神障害者が地域での生活を改善し，再建・維持・向上を図ろうとするとき，「疾病と障害の併存」という特性や，これまでの歴史性などから，そこにはさまざまな生活問題・生活課題が存在する。カプランらが提唱する危機理論においては，地域精神保健福祉の視点から，精神障害者の抱える生活問題・生活課題のもつ積極的な意味，つまり単に，解決されるべき問題としてのとらえ方ではなく，生活破綻の危険を知らせる貴重なサインであり，さらなる危険が発生するのを防ぐものであるというとらえ方があり，精神障害者の生活支援を考える際，いまなお多くの示唆を与えてくれる視点である[27]。

　ところで昨今，精神保健・医療・福祉の今後の動向をめぐって，2005年の精神保健福祉法の改正を焦点に，相次いで国家レベルの報告書が公表されてきている[28]。それらの報告書を通じて共通していえることは，「入院医療主体から地域における保健・医療・福祉を中心としたあり方」へのパラダイム・シフトであり，地域における自立した生活の維持に向けた支援の体制や方法の整備・確立である。そのような中で，最近は，精神障害者の地域生活を支えるシステム構築，支援プログラム構築の重要性に認識が高まり，「ACT」や「PACT」と呼ばれる，「包括型地域生活支援プログラム Assertive Community Treatment」に注目が集まってきている[29]。

　いずれにしても，精神障害者への生活支援は，その理念・構想，視野や視点，体制や方法，すべてにおいてこれからの課題が山積している。精神障害者の生活実体をいかに把握し，生活支援への体制や方法を構築していくのかが問われている。

■注■

1) 新村出編 (1998)『広辞苑』第五版　岩波書店　1461頁
2) これらの用語は，
　　見田宗介・栗原彬・田中義久編 (1988)『社会学事典』弘文堂　517-519頁
　　森岡清美・塩原勉ほか編集代表 (1993)『新社会学事典』有斐閣　827-836頁
　　比較家族史学会編 (1996)『事典・家族』弘文堂　503-505頁
　　日本生活学会編 (1999)『生活学事典』TBSブリタニカ
　　庄司洋子・木下康仁ほか編集 (1999)『福祉社会事典』弘文堂　567-584頁
　　社会福祉辞典編集委員会編 (2002)『社会福祉辞典』大月書店　310-313頁
　　秋元美世・大島巌ほか編集 (2003)『現代社会福祉辞典』有斐閣　268-274頁
　　等の辞典・事典からピックアップしたものである。なお，「生活施設」や「生活保護」といったよ

うな直接，社会福祉制度等に関連する用語は除いてある。
3) 篭山京（1943）『国民生活の構造』長門屋書房
4) 中鉢正美（1956）『生活構造論』好学社
5) これらの業績として，
　　倉沢進（1968）『日本の都市社会』福村書店
　　青井和夫・松原治郎・副田義也編（1971）『生活構造の理論』有斐閣双書
　　三浦典子・森岡清志・佐々木衛編（1986）『生活構造（リーディングス日本の社会学5）』東京大学出版会
　　等があげられる。
6) 岡部卓（1996）「生活構造」比較家族史学会編『事典・家族』弘文堂　503頁
7) 副田義也（1971）「生活構造の基礎理論」青井和夫・松原治郎・副田義也編『生活構造の理論』有斐閣双書　50頁
8) 同上
9) 前掲　岡部（1996）　503頁
10) 生活構造論について最近では，次のような成果が公刊されている。渡邊益男（1996）『生活の構造的把握の理論—新しい生活構造論の構築をめざして』川島書店
11) C. ジャーメインほか／小島蓉子編訳（1992）『エコロジカル・ソーシャルワーク—カレル・ジャーメイン名論文集』学苑社　等を参照
12) Meyer, C. H. (Ed.). 1983. *Clinical Social Work in the Eco-Systems Perspective*, Columbia University Press.
　　Meyer, C. H. 1988. The Eco-Systems Perspective., In Dorfman, R. (Ed.). *Paradigms of Clinical Social Work*, Brunner/Mazel, pp.275-95.
　　Meyer, C. H. 1995. The Eco-Systems Perspective: Implications for Practice, In Meyer, C. H. and Mattaini, M. A., (Eds.), *The Foundations of Social Work Practice*, NASW Press, pp.16-27. 等を参照
13) 蜂矢英彦（1986）「精神障害における障害概念の検討—リハビリテーションをすすめる立場から」『障害者問題研究』14　9-22頁
14) 障害者福祉研究会編集（2002）『ICF　国際生活機能分類—国際障害分類改訂版』中央法規出版　17頁
15) 全家連保健福祉研究所編（1994）『精神障害者・家族の生活と福祉ニーズ'93（Ⅱ）：全国地域生活本人調査編（保健研究所モノグラフNo.7』全家連の内容をもとに，筆者が作成したものである。
16) 臺弘編（1983）『分裂病の生活臨床』創造出版
　　臺弘（1984）「生活療法の復権」『精神医学』26　803-814頁
　　臺弘（1998）「ふたたび障害の意味について」『精神障害とリハビリテーション』　23頁　等を参照
17) 谷中輝雄編著（1993）『谷中輝雄論稿集Ⅰ　生活』やどかり出版
　　谷中輝雄（1996）『生活支援—精神障害者生活支援の理念と方法』やどかり出版
　　谷中輝雄・三石麻友美・仁木美知子ほか（1999）『生活支援Ⅱ—生活支援活動を創り上げていく過程』やどかり出版　等を参照
　　また，田中は「コミュニティ・ソーシャルワーク」の視点から，精神障害者の生活支援のあり方について論じている。
　　田中英樹（1996）『精神保健福祉法時代のコミュニティワーク』相川書房
　　田中英樹（2001）『精神障害者の地域生活支援—統合的生活モデルとコミュニティソーシャルワーク』中央法規出版　を参照
18) Charles, A. R. 1998. *The Strength Model: Case management with people suffering from severe and persistent mental illness*, Oxford University Press.（＝1998　江畑敬介監訳『精神障害者のためのケー

スマネージメント』金剛出版）
19）黒澤貞夫（2001）『生活支援の理論と実践―事例から技法・理論への展開』中央法規出版　1頁
20）前掲　谷中（1996）　178頁
21）注17を参照
22）同上　145-149頁
23）同上　163-177頁
24）寺谷隆子編（1988）『精神障害者の社会復帰―生活を支える精神保健活動』中央法規出版
　　寺谷隆子（1995）「クラブハウス方式の地域活動」『精神医学』37-1　等を参照
25）高橋克典（1997）「帯広・十勝における精神障害者支援活動と地域ネットワーク十勝」『幸福の帯広』東洋大学帯広・十勝調査団報告書　等を参照
26）向谷地生良（2003）「浦河赤十字病院における精神科病床の削減と"べてるの家"を中心とした地域生活支援体制の構築」『精神医療』』31　65-74頁　等を参照
27）Caplan, G. 1974. *Support Systems and Community Mental Health*, Behavioral Publications.（＝1979　近藤喬一訳『地域ぐるみの精神衛生』星和書店）
　　Aguilera, D. C. 1994. *Crisis Intervention: theory and methodology*, 7th edition, The C. V. Mosby Company.（＝1997　小松源助・荒川義子訳『危機介入の理論と実際―医療・看護・福祉のために』川島書店）　等を参照
28）これらの報告書の主なものとして、
　　社会保障審議会障害者部会精神障害部会（2002）『今後の精神保健医療福祉施策について』
　　日本学術会議精神障害者との共生社会特別委員会（2003）『精神障害者との共生社会の構築をめざして』
　　精神障害者の地域生活支援の在り方に関する検討会（2004）『最終まとめ』
　　厚生労働省精神保健福祉対策本部（2004）『精神保健医療福祉の改革ビジョン』
　　等があげられる。
29）Allness, D. J., & Knoedler, W. H. 1998. *The PACT Model of Community-based Treatment for Person with Severe and Persistent Mental Illnesses: A Manual for PACT Start-Up*, NAMI.（＝2001　亀島信也・神澤創監訳『PACTモデル―精神保健コミュニティケアプログラム』メディカ出版）
　　西尾雅明（2004）『ACT入門―精神障害者のための包括型地域生活支援プログラム』金剛出版
　　大島巌編著（2004）『ACT・ケアマネジメント・ホームヘルプサービス―精神障害者地域生活支援の新デザイン』精神看護出版　等を参照

Ⅳ 包括・統合ソーシャルワークの実践概念化と具体的展開

1 実践概念化としてのエコシステム構想

　第Ⅱ章第2節で述べた包括・統合ソーシャルワーク（ジェネラル・ソーシャルワーク）は、これまでのソーシャルワーク理論の変遷、昨今の理論動向を意識し、またその原点に立ち返り、生活者としての「人間」と生活環境・社会環境との相互作用、生活のダイナミズムや変容過程を包括・統合的に把握・理解することの最重要性を意識し、エコシステム視座による発想・視野・視点をもったメタ理論であると理解することができる。

　そもそもソーシャルワーク支援の一大使命は、何らかの生活上の課題を抱えた利用者が自らの力を活用しつつ、課題解決に取り組み、生活・社会的機能の改善・再建、維持・向上を継続的に達成することにある。つまり、利用者自らが生活の変容過程を自覚し、成果を実感することにより、支援の真価が確認され、使命を達成することができうる。その意味において、いかに「ジェネラル・ソーシャルワーク」が人間の生活の変容・ダイナミズムを包括・統合的にとらえるための発想・視野・視点を用意しているとしても、それが現実のソーシャルワーク支援過程に具体化されなければ、つまり実践概念化されなければ、結局のところ「机上の空論」としてのそしりを免れない。

　そこで実践概念化のためには、理論と実践の架け橋となる「中範囲理論」の考え方がどうしても必要となる。「中範囲理論」とはそもそも、社会学者である、マートン（Robert K. Merton）[1]や、パーソンズ（Talcott Parsons）[2]が提唱し準拠していた考え方であるが、ここでは、理論と実践を連結する、つまり包括的な体系をめざす一般・統合理論としての「ジェネラル・ソーシャルワー

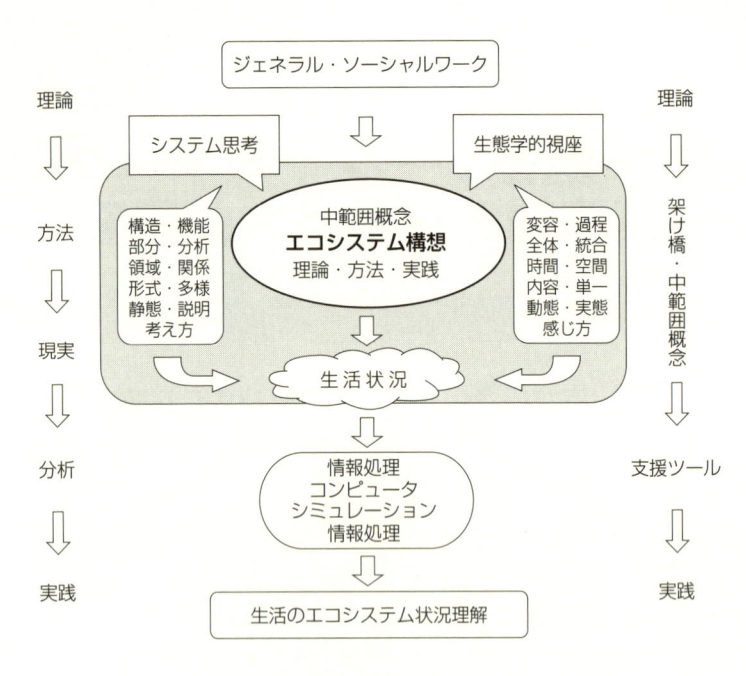

```
                    ジェネラル・ソーシャルワーク
理論                        ↓                        理論
 ↓      システム思考      生態学的視座        ↓
方法    構造・機能  中範囲概念  変容・過程    架け橋
 ↓     部分・分析 エコシステム構想 全体・統合   ・中範囲
       領域・関係  理論・方法・実践 時間・空間   概念
現実    形式・多様           内容・単一     ↓
 ↓     静態・説明           動態・実態
       考え方              感じ方        支援ツール
分析          →  生活状況  ←              ↓
 ↓                ↓
             情報処理
             コンピュータ
             シミュレーション
             情報処理
                 ↓
実践      生活のエコシステム状況理解         実践
```

図Ⅳ-1　エコシステム構想の概要（太田，2003を一部改変）[3]

ク」と，ソーシャルワーク実践（支援過程の推進方法）の中間に位置し，その架け橋となる理論・構想・方法を意味しており，本研究が依拠しているのは「エコシステム構想 Ecosystems Project[4]」と呼ばれるものである。図Ⅳ-1はエコシステム構想の概要を図示したものであるが，エコシステム構想とは，

　①利用者の個々別々で，時々刻々と変容する生活の実体を，生活の広がりと内容を構造・機能からとらえようとするシステム思考と，

　②過程としてその流れや変容・変化をとらえようとする生態学的視座の2つの基礎概念をもち，

　③動態としての生活にできるだけ肉薄し，把握・理解するために，その実体を可能な限り網羅できる因子体系を構成・整理し，

　④さらには，コンピュータ科学を活用し，生活把握のために収集する情報を統合・整理し，

　⑤その変容過程をシミュレーションにより理解し，

Ⅳ──包括・統合ソーシャルワークの実践概念化と具体的展開

表Ⅳ-1　生活のエコシステム情報の構成と内容（太田, 2003を一部修正）[5]

生活システム領域カテゴリー				実践要素の構成 内容情報	1　価値 態度　姿勢　志向 機運　関心　自覚	2　知識 現状　事実　実状 内容　関係　理解	3　方策 制度　政策　計画 施策　見通　私案	4　方法 取組　対応　参加 活用　協力　努力
全体	領域	分野	構成	内　容	価値意識	状況認識	資源施策	対処方法
生活	1人間	Ⅰ当事者	①特性	A 個別特性	倫理特性	機能特性	社会特性	行動特性
				B 自己認識	自己への関心	自己理解	自己改善計画	自己改善努力
				C 社会認識	社会への関心	社会状況認識	社会参加計画	社会参加努力
				D 社会的自律性	生きがい意識	目的の具体化	目的達成計画	目的達成努力
			②問題	A 焦点	問題への関心	問題焦点の実状	焦点への対応策	焦点への取組
				B 障碍	障碍の自覚	障碍の実状	障碍改善対策	障碍改善努力
				C 緊急性	緊急性の自覚	緊急性の現状	緊急への対応策	緊急への取組
				D 具体性	問題の性質	問題の現状	問題改善計画	問題改善努力
		Ⅱ基盤	③身辺	A 健康	健康への関心	健康の現状	健康の維持計画	健康の維持努力
				B 生計	生計への姿勢	生計の現状	生計の維持計画	生計の維持努力
				C 住居	住居への関心	住居の実状	住居の維持計画	住居の維持努力
				D 生活拠点	生活拠点の関心	生活拠点の現状	拠点での支援計画	拠点での取組
			④家族	A 理解	家族による理解	家族の役割関係	役割の改善計画	役割改善の努力
				B 連帯	家族連帯意識	連帯の現状	連帯の改善策	連帯復元努力
				C 意欲	家族の支援意識	支援の状況	支援への見通	支援への協力
				D 社会性	社会への関心	社会との関係	社会参加計画	社会参加努力
	2環境	Ⅲ周辺	⑤近辺	A 近親	近親の姿勢	近親の関係	近親の支援見通	近親の支援協力
				B 近隣	近隣の関心	近隣の理解	近隣の支援見通	近隣の支援協力
				C 友人	友人の関心	友人の理解	友人の支援策	友人の支援協力
				D ボランティア	Vの機運	Vの支援状況	Vの支援計画	Vの参加計画
			⑥資源	A 支援施策	支援施策の機運	施策の動向	施策の拡充計画	施策の活用展開
				B 施設機関	施設機関の姿勢	機関の実状	機関の支援計画	機関の支援方法
				C 行政	行政の姿勢	行政の現状	行政の推進計画	行政の取組展開
				D コミュニティ	Cの雰囲気	Cの実状	Cの支援計画	Cの参加協力
		Ⅳ支援	⑦機関	A SWer	SWの姿勢	SWの活動状況	SWの活動計画	SWの取組
				B 他職種	他職種の姿勢	他職種活動状況	他職種活動計画	他職種の取組
				C サービス	機関のSV姿勢	SVの内容	SVの改善計画	SVの展開
				D アクセス	ACへの関心	ACの状況	ACの改善計画	ACの改善努力
			⑧NW	A 私的NW	NWへの関心	NWの現状	NWの改善計画	NWの改善努力
				B ピアNW	NWへの関心	NWの現状	NWの改善計画	NWの改善努力
				C 機関NW	NWへの関心	NWの現状	NWの改善計画	NWの改善努力
				D 地域NW	NWへの関心	NWの現状	NWの改善計画	NWの改善努力

⑥その結果を容易にビジュアル化することを可能とする，

構想であり，実際の支援過程において，利用者と支援者の「参加と協働」を実現させる支援ツール（エコスキャナー Eco-Scanner）をセットにした，理論・方法・実践を具備したものであるといえる。

表Ⅳ-1は，「基本パターン」と呼ばれる，システム思考により，利用者の社会生活を包括・統合的に把握・理解しようとする際に設定された枠組みであり，「生活という広がりをカテゴリーとして①包括・統合的な実体から，②領域として人間と環境とに2分割し，それを③分野として当事者・基盤・周辺・支援とに4分割，それらを④構成として特性・問題・身辺・家族・近辺・資源・機関・ネットワークとに8分割し，さらにそれらを生活の⑤内容として32分割し，ミクロからマクロにわたる生活内容を指標として配列している。またさらにこれらの指標を価値（意識）・知識（状況認識）・方策（資源施策）・方法（対処方法）の4側面からとらえるために，これらを組み合わせた128因子から生活の概要を理論的に網羅しようというわけである[6]」。

幾度も強調するように，人間の生活という生き様を完璧な形で把握・理解することは困難なことである。しかしながら困難であると嘆いていても，利用者の自己実現，生活の改善・再建とその維持は実現しない。そもそも「生活の支援」を標榜するソーシャルワーク実践は，利用者の生活にできるだけ肉薄し，そのリアリティを把握することからはじめなければならず，その把握のために，「勘と経験知」だけによらない，構想と方法をもたなければならない。上述したシステム思考による生活把握のための構成子体系は，そのための包括的な枠組みであると理解することができる。

一方，動態としての生活への把握・理解を強調する以上，システム思考により，構造・機能としてとらえるだけで不充分であり，生態学的な視座により，変容・過程としての把握・理解を必要とする。エコシステム構想による「支援ツール」の発想は，この変容・過程への理解を，コンピュータによるシミュレーション・プログラムにより処理し，ビジュアル化することにより，容易にしようとするものである。現在はすでに，利用者の生活状況をいかに把握するのかという定式化された方法にもとづき，コンピュータ技術を駆使した支援ツールの開発をおこない，シミュレーションを繰り返し，継続的研究が試みられて

いる段階にある[7]。

2 具体的展開としてのコンピュータ支援ツール

ところで,社会福祉の実践領域,ソーシャルワーク支援過程におけるコンピュータの活用は,「IT革命」,「インターネット社会」といった言葉に象徴される現代社会におけるコンピュータ科学の進展とともに,その範囲を拡大させてきた。いまや「ソーシャルワーク実践の科学化」を推進させる上においては,不可欠な課題となっている。

一般には,利用者情報の管理,支援記録の保存や整理,情報の検索・交換,施設・機関の事務・経営管理等に活用されているわけだが[8],昨今の福祉工学・福祉機器開発の進展により,ソーシャルワークの支援過程そのものからは距離をおくが,街の中を歩いたり,交通機関を利用したときに遭遇する不自由さである「移動障害」や,他者とコミュニケーションをとったり,社会の出来事を知ろうとする際に遭遇する不自由さである「情報障害」に対し[9],コンピュータ技術を活用した身体障害者・知的障害者・高齢者への支援が展開され,日進月歩の様相にある[10]。

ところでここではソーシャルワーク支援過程へのコンピュータ活用について言及したいわけであるが,その際,「コンピュータの有効性と限界性を見極めながらの活用が必要である[11]」ことはいうまでもない。「コンピュータが人を援助するのではなく,科学的視点から情報を収集し,整理・分析し,評価するという情報処理過程へのコンピュータ導入をすることで,援助対象や対象者の実存に迫るという専門性からのアプローチの必要性が認識されてきた[12]」からであり,ソーシャルワーク支援の一大目的が,利用者の自己実現にあることを考えた場合,その目的達成のために,「人と環境の『福祉情報[13]』を収集,整理・分析し,社会福祉実践に有用な情報を提供することに,コンピュータの特性を生かすことが可能となる。つまり,この『福祉情報の活用』によって福祉サービスの利用者のニーズを的確に把握し,それにふさわしいサービスの提供や環境改善を行うこと,サービス提供にあたって必要となるさまざまな事務処理の管理等の効率化を図るといった『システム』の再検討や再構築,さらには

新たな構築が可能になるからである。このような『福祉情報の活用』を支える道具として，あるいは手段としてコンピュータ導入は位置づけられている[14]」。

ところで，IT先進国であり，ソーシャルワーク実践先進国でもある米国に眼を転じてみるならば[15]，ソーシャルワーク実践へのコンピュータ利用が進んでいることが推察され，事務・経営管理レベルの導入にとどまらず，面接やアセスメント，評価，効果測定など，直接的ソーシャルワークでの活用が試行，研究されていることがうかがえる。わが国での導入は，施設・機関における経営管理面での導入を中心に，行政機関における福祉情報システムの構築，地域における情報ネットワーク構築等，どちらかといえばマクロ領域での活用が多いのが現状であり[16]，黒木が指摘するように，「これまで勘と経験で進められてきた人間の社会生活の援助活動に代わって，人と環境からなる総合的な生活状況をコンピュータ・シミュレーションを活用して整理・分析し，ソーシャルワーク援助への最適の方法を模索しようとする，ミクロ視点からのコンピュータ導入は大きく遅れているといわざるをえない[17]」状況を認識し，ソーシャルワーク支援展開において「参加と協働」の原理を実現させ，「実践の科学化」を推進していくチャレンジが求められているといえよう。

そこで，そのチャレンジのひとつである，エコシステム構想による支援ツールについて再度言及することにしたいが，このツールについては，医療現場におけるMRIや[18]，車両に搭載されているGPSシステム[19]になぞらえてその前提・焦点を説明することができるが，支援ツールの使用により，利用者の生活の望ましいあり方への解答を導き出すのでもなく，支援の方法をコンピュータに決定させるわけでもなく，「情報を手がかりにして利用者の生活コスモスに参加・協働することが目的[20]」であり，「課題の究極は利用者支援が中心であって，コンピュータ科学の妥当性や合理性に焦点があるわけではない[21]」し，ソーシャルワークの支援過程に，「参加・協働する当事者同志の交わす状況のインデックスであり事実を示す目安に過ぎない[22]」のである。この点を充分に意識していなければそれは本末転倒のチャレンジに終始するであろうし，新たな誤解を生み出すものと思われる。

図Ⅳ-2は，支援ツール導入の目的について図示したものであるが，前節でも言及したように，システム思考により，生活を包括・統合的に把握・理解し

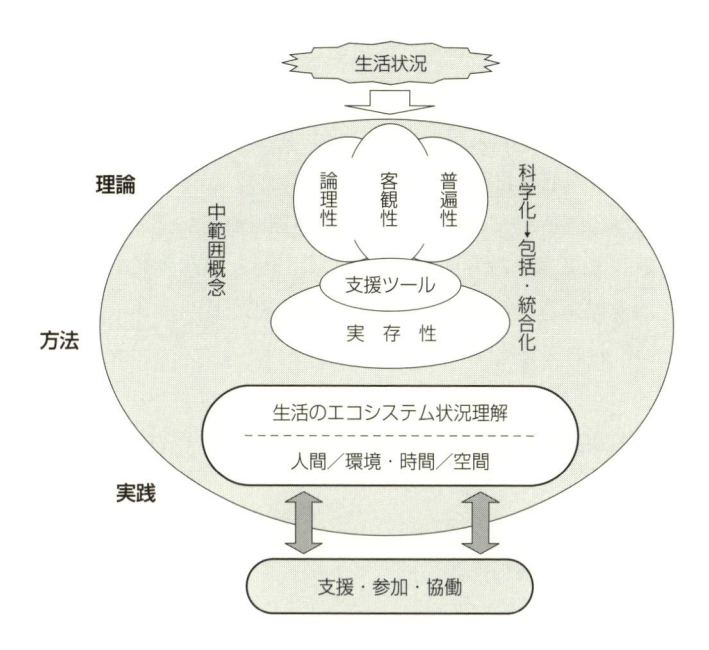

Ⅳ──包括・統合ソーシャルワークの実践概念化と具体的展開

図Ⅳ-2　支援ツールの目的（太田，2002）[23]

ようとする枠組みである128からなる生活構成子（表Ⅳ-1）により生活情報を収集し，その生活の変容をコンピュータのシミュレーション・プログラムによりとらえ，ビジュアル化して把握・理解を促進させ，利用者の実存に迫ろうというのが「支援ツール」活用の目的であるが，具体的には128の生活構成子には，それぞれの構成子特性に合致した情報が収集できるよう質問項目が応答形式で用意されており，それに回答する形で，情報を収集していく方法がとられている。

　本来，この支援ツールは，ソーシャルワークの支援過程の中で活用するツールとして開発されてきているわけであり，ソーシャルワーク研究者・ソーシャルワーカー・コンピュータエンジニア・大学院生から構成される「エコシステム研究会」により試行・開発が継続的におこなわれており，現在は「多目的ツール」として，汎用性・発展性を視野に入れて，計画を推進させている。それは，「実践支援ツール」として基礎的な生活状況を把握するパターンとともに，高齢者や児童，精神障害者，あるいは医療ソーシャルワーク等といった具合に，

利用者の特性やそれぞれの実践領域で活用するために，各論・応用ヴァージョンの開発，ソーシャルワーカーの現任者訓練におけるスーパービジョン過程での活用や，ソーシャルワーク実践教育場面での導入を意図した「教育支援ツール」の試行・開発等の取り組みが展開されている。

本研究は，「教育支援ツール」に焦点化して展開されているため，「支援ツール」の仕様やビジュアル化の方法等詳細については，第Ⅵ章において解説し，精神障害者生活支援過程での活用を意図した「実践支援ツール」については，その一端を次節において報告することにしたい。

3　精神障害者生活支援への支援ツールの展開

本節においては，これまで前節において述べてきたエコシステム構想にもとづく「支援ツール」の，精神保健ソーシャルワーク実践における活用について言及することにしたい。

精神科医療・精神保健福祉領域は，精神保健福祉法への改正，精神保健福祉士法の制定を中心とした施策動向のみならず，ノーマライゼーション理念の浸透，精神障害者の人権擁護への機運，新しい障害概念の登場，当事者運動の活発化などにより，「地域社会を軸とした医療」，「地域生活支援」へと大きくパラダイムを転換してきている。そのような中で，精神保健ソーシャルワーク実践に課せられた使命は，「精神障害者の自己決定過程を保障した上で，自立した生活への支援」を，「参加と協働」の原理を取り入れて推進することにある。

ところで，どの領域のソーシャルワーク実践もその究極的目標が，利用者の自己実現にあり，生活の支援にその焦点があるとするならば，利用者のリアルな生活に肉薄し，いかに把握・理解するかということが，支援展開の原点になる。

精神保健ソーシャルワーク実践の中心的対象である精神障害者についても，ソーシャルワーク固有な方法ではないが，利用者の実存に迫ろうと，これまでに様々な情報収集の方法，アセスメント・ツールが開発され，「証拠にもとづいた医療実践 Evidence Based Medicine」が進行する中で発展し，活用されてきた。たとえば，精神障害者の立場から気分の変調や，心配，自己理解等に

Ⅳ──包括・統合ソーシャルワークの実践概念化と具体的展開

ついて自記式回答でその困難度を測定する「行動および症状測定尺度 Behavior and Symptom Identification Scale-32（BASIS-32）[24]」、「機能の全体的評定尺度 Global Assessment of Functioning（GAF）[25]」、統合失調症者の障害を測定する「生活技能プロフィール Life Skills Profile（LSP）[26]」等は精神科医療の中では、よく知られたものであるし、153の項目から、生活全般の満足度や生活状況、家族との関係、経済状況といった8つの生活領域における客観的・主観的QOLを測定する「QOLインタビュー Quality of Life Interview（QOLI）[27]」、利用したサービスへの満足度を測定する「クライエント満足度調査票 Client Satisfaction Questionnaire（CSQ）[28]」や「サービス満足度スケール Service Satisfaction Scale-30（SSS-30）[29]」等は精神保健福祉領域において活用されているものである。しかしながら、生活支援を推進するために、動態としての生活を包括・統合的に把握・理解しようとするためには、医学的視点や生活の一部分しかアセスメントすることができず、そもそもそのような意図で開発されたものでもない。

(1) Person-in-Environment System

また最近では、必ずしも精神保健福祉領域に限ったアセスメント・ツールではないが、「ソーシャルワーカーが主な焦点をあてている社会生活の側面については、問題を分類し記述する適切な方法がなかった[30]」ために、「クライエントの問題を表すときに共通の言語を用いたい[31]」という思いのもと、「クライエントの問題を包括的に表すシステム[32]」として開発された「Person-in-Environment System」（以下「PIEシステム」とあらわす）がわが国に紹介されている[33]。

このPIEシステムは、
①働く環境や理論的立場にかかわりなく、すべてのソーシャルワーカーが共通の言語でクライエントの問題を表すことができる
②クライエントの問題の解決や改善を促進するために、社会現象についての共通した簡潔な記述が可能になる
③サービスのニード測定したり、ヒューマン・サービス・プログラムの計画や、その効果を評価するとき、必要なデータを提供できる

④実践家同士,あるいは実践家,運営管理者,研究者の間のコミュニケーションがより明確になる

⑤ヒューマン・サービスの分野の中でのソーシャルワークの領域を明確にしている

といった特徴をもち[34]，

① 「Factor Ⅰ」：クライエントが困難を感じている，親，配偶者，患者などの社会的役割と，その問題の型，困難度，継続期間，問題に対するクライエントの対処能力

② 「Factor Ⅱ」：クライエントが社会的役割を果たすのに困難を引き起こしている環境の問題，その問題の型，困難度，問題の継続期間

③ 「Factor Ⅲ」：クライエントの社会生活の維持機能に影響してくる精神障害

④ 「Factor Ⅳ」：社会的役割における問題に関連してくる身体的健康状態

という4要素から構成されており[35]，それぞれにコード・ナンバーが付された内容項目が整備されている。筆者としてこのPIEシステムについて詳細の検討をおこなったわけではないので，「批判のための批判」に終わらないように，印象を述べる範囲にとどまってしまうが，

①ソーシャルワーク実践においても，医療におけるEvidence Based Medicineが重要性を増しているのと同様に，Evidence Based Practiceが求められている現状において，共通の指標・ものさしにより，利用者の社会生活機能の問題を包括的に把握しようとする視点は，有効である

②把握の対象が，「日常生活に必要な活動を行うことのできる能力や，属する集団の文化や地域社会にとって重要な社会的役割を果たすことのできる能力[36]」である「社会生活機能」における問題を中心にしているため，生活支援を展開する上で，生活を包括・統合的に把握・理解するという視点に立てば，必ずしも充分ではない

③利用者の社会的役割の遂行に影響を与えている「環境問題」については，詳細に分類コードがあり，非常に参考になる

④ソーシャルワーカーが「クライエントの問題を表現できるように開発された分類・記述法[37]」であるため，専門支援者側が専ら用いるツールで

あり，アセスメント結果も含め，今後重要なソーシャルワーク支援原理となる「参加と協働」の観点からいえば，「ソーシャルワーク介入のための焦点を明らかにすること[38]」が，専門支援者サイドのみの視点に陥ってしまうことが危惧される
⑤項目の中に，米国文化を反映した内容のものがあり，わが国の文化との差から，アセスメントできない箇所が生じる
⑥開発にあたっては，「ソーシャルワークの広範な構成概念，システム理論の概念，アンダーソンのミクロとマクロの枠組み，ジャーメインとギターマンのライフモデル等[39]」が取り入れられているが，特に，生態学的視点に立脚すれば，変容やその過程についての把握・理解について，その記述や表現方法等に工夫が必要になる[40]。

といった諸点について指摘が可能なように思われる。とはいいながらも，開発の経緯の中で，パイロット・スタディや信頼性調査がおこなわれ，その都度，用語の修正や概念の明確化が積み重ねられてきたものであり，今後の展開が期待されるツールであるという判断はできるであろうし，筆者がこの度の研究の出発点として依拠しているエコシステム構想にもとづく「支援ツール」とは，その構想の発想や視野・視点，開発の経緯，方法等異なるわけであるが，「『PIEシステム』という体系的，かつ包括的なアセスメントの方法は，ソーシャルワーク実践のより科学的なアプローチを進展させるものとなろう[41]」と中心的開発者が述べているように，「実践の科学化」という課題推進のためにも，重要な視点を提供してくれるように思われる。

(2) 精神障害者ケアマネジメント

ところで2003年度より本格的導入がはかられ，現在の精神障害者地域生活支援にとって，重要視されている方法に「精神障害者ケアマネジメント」があり，専門職団体である精神保健福祉士協会においても現任者への研修が積み重ねられ，精神保健福祉士養成においても，その理念・視点・方法等について教授することが求められている。このケアマネジメントには，定式化されたアセスメント・ツールが整備されていることもあり，若干言及することにしたい。

精神障害者へのケアマネジメント導入は，ソーシャルワークの存在を脅かす

かのごとく浸透した，高齢者領域でのケアマネジメント導入と関連はしているものの，その背景，経緯，視点，方法等は必ずしも同一ではなく，精神障害者支援のパラダイム転換，1993年の障害者基本法への改正からはじまる精神障害者支援施策の動向の中で，検討された「精神障害者ケアガイドライン」にもとづくものであり，「介護保険下における単なるサービスの割振りではなく，ソーシャルワークとしてのケアマネジメント[42]」を強く意識し，前述ガイドライン検討当初から，精神科ソーシャルワーカーも参画してのものであった。表Ⅳ-2，表Ⅳ-3，表Ⅳ-4はそれぞれ，ケアガイドライン作成の意義と理念，原則，ケアマネジメント導入の意義をまとめたものだが，上記の意識を強く感じられるものである。

ところで，この「精神障害者ケアガイドラインにもとづく精神障害者ケアマ

表Ⅳ-2　精神障害者ケアガイドライン作成の意義とその理念[43]

意義	1	文書化された基準ができること
	2	サービス提供者が共通の言語および理解をもてること
	3	サービスの地域格差，機関格差を是正できること
	4	努力目標が明らかになり，動機づけが強まること
	5	少なくとも一定レベル以上のサービスが保障され，均一化されたサービスが提供されること
	6	精神障害者福祉施策の充実化へつながること
理念	1	ノーマライゼーション理念に基づくこと
	2	利用者のニーズを中心としたケアサービスを提供すること
	3	精神障害者がより質の高い生活を実現し，自立するための支援をおこなうこと
	4	人権を尊重し，とりわけ自己決定権を尊重すること
	5	インフォーマルケアの利用などを通じて社会的理解を促進すること

表Ⅳ-3　精神障害者ケアガイドラインの原則[44]

1	ケアマネジメントの技法に基づくケアサービスの提供
2	対象は主として地域社会で生活しているか，社会復帰をめざして医療機関を生活の場としている精神障害者が対象となる
3	インフォームドコンセントやプライバシー保護など，人権への配慮
4	ニーズの適切な把握と評価
5	目標と期間の設定および計画的なケアの実施，定期的な見通し
6	複合的なニーズに対応するための専門職によるチームアプローチ
7	地域の人びとの支援，新たな援助機能を創設
8	新たなサービス提供者の確保とサービス資源の積極的開発や造成
9	エンパワメントを重視し，生活モデルに依拠する

Ⅳ──包括・統合ソーシャルワークの実践概念化と具体的展開

表Ⅳ-4　ケアマネジメント導入の意義[45]

1	精神障害者の社会復帰をより円滑に行うことができる
2	ニーズに合った多面的な援助を提供できることと，その責任の所在を明確にできる
3	サービスの質の向上と経費の削減が可能となり，効率的なサービスが提供できる
4	分散化あるいは分断化しているサービスを統合・調整することができる
5	援助の漏れや重複を防ぐことができる
6	支援の有効性を判断し，その判断の信頼性を増すことができる
7	フォーマルな支援とインフォーマルな支援を統合することができる
8	新たなニーズを把握し，新しいサービスを開発することができる
9	社会資源拡大のために行政への支援を行うことができる
10	利用者の権利意識を高めることができる

ネジメント」は，以下にあるプロセスを経て展開される。

①ケアマネジメントの導入（主治医への報告）

②ケアアセスメント

③ケア計画の作成（主治医への報告）

④ケア計画の実施（主治医への報告）

⑤実施効果の評価（モニタリング）

⑥終了と事後評価

⑤実施効果の評価の過程のところで，再アセスメントを必要とする場合，②ケアアセスメントの過程にフィードバックするという循環過程をたどることになる[46]。これらの過程は，これまで確認されてきた基本的なソーシャルワークの支援過程と何ら変わるものではなく，ケアマネジメントがソーシャルワークの支援レパートリーのひとつであることを再確認されるし，また今回のケアマネジメント導入が，ソーシャルワークとしてのケアマネジメント方法の確立にあることを再認識するところである。その議論はいずれ詳細におこなわなければならないところではあるが，「精神障害者ケアガイドラインにもとづく精神障害者ケアマネジメント」では①の導入過程においては「相談票」，②「ケアアセスメント」過程においては「ケアアセスメント票」，③「ケア計画の作成」の過程においては「ケア計画書」といったツールが整備されている。そこで本節との関係では，「ケアアセスメント票」の内容について若干の考察を加えることにしたい。表Ⅳ-5は，ケアアセスメント表の構成内容を表したものだが，「本人のサービス利用希望を尊重しながら，能力障害に基づくケアの必要度を

表Ⅳ-5　ケアアセスメント表の構成[48]

表紙	アセスメントの理由,本人の意向,アセスメント実施経過など
A　本人の希望	困っていること,現在の生活への満足度,利用してみたい制度など
B　ケア必要度 《対人ケアサービスのニーズ》	自立生活能力,緊急時の対応,配慮が必要な社会行動,ケア必要度の得点算出
C　環境条件	社会的機能レベルに影響を及ぼす環境条件,家族の態度,社会的支援状況
D　社会生活上の困難な問題 《環境調整のニーズ： 　　社会的不利尺度》	経済的問題,住まいの問題,日中の活動の場の問題,支えての問題,その他
E　ニーズのまとめ,ケア目標	アセスメントを通しての全体評価を記載

評価するとともに,環境条件を明らかにし,社会的不利となっている諸問題を抽出し,全体としてニーズをまとめ,ケア目標を設定することを目的[47]」としており,A～Dの4領域から評価する内容となっている。

そこでこのアセスメント・ツールの内容について若干の考察をおこないたいのであるが,

① A領域においては,ケアガイドラインの理念にものっとり,「今,困っていること」,「生活の場に対する希望」,「日中の活動の場に対する希望」など,利用者本人の希望・意向を充分に確認し,ケアマネジメント過程に反映されるよう整備されている。

　　しかしながら「参加と協働」の視点から言えば,利用者の積極的参加と協働が,必ずしも得られるものではない。

② B領域は,対人ケアサービスのニーズをケア必要度として把握しようというもので,「身のまわりのこと」・「健康の管理」・「対人関係」といった6内容からなる「自立生活能力」,「緊急時の対応」,「会話の不適切さ」・「マナー」といった「配慮が必要な社会行動」から構成されており,アセスメント面接により利用者から聴取し,アンカーポイントにより5段階評価を行い,ケア必要度の得点を算出するような仕組みとなっている。

　　アンカーポイントには詳しい解説もあり,精神障害者支援を展開する際に把握を必要とする項目が網羅されているが,当然のことながら専門支援者による「評価」に焦点がおかれている。

③　C領域は,「社会的機能レベルに好影響／不利に働く環境条件」・「家族のなかで日常的な援助を最も多く提供してくれる人」・「社会的支援の状況」・「医療との関係」といった環境条件について,アセスメント面接により「記述」する方法をとっている。
　　ソーシャルワークの支援焦点は「人と環境の交互作用」にあり,また「国際生活機能分類 ICF」においても,障害に及ぼす環境要因が強調されている中,精神障害者支援にとっての環境条件について,その主要点は確認できるように思われるが,B領域のツールと比較し,「記述」による方法は,今後検討の余地があるのではないかと考えられる。
④　D領域は,環境調整のニーズを把握するために,「経済的問題」・「住まいの問題」・「日中の活動の場の問題」・「支えての問題」など,13項目について,本人および家族の希望をチェックし,また,「改善必要性」についての「担当者の判断」を4段階により記すことになっている。

結局のところ,このアセスメント・ツールは,ソーシャルワーク支援過程において,ケアマネジメント方法を用いた際に,
　①ケアマネジメント過程での一局面で使用するツールであり,
　②次局面である「ケア計画の作成」のための問題の抽出・把握の目的があり,
　③そのために,専門支援者による「評価」の色彩が濃く,
　④「参加と協働」の視点に立てば,利用者の積極的・主体的参加を期待することは今後の課題であり,
　⑤精神障害者の複雑多様な生活を把握する上では,その項目はかなり網羅されており,包括的ではあるが,
　⑥「静態としての評価」という限界があり,利用者と支援者がともに,動態としての生活,その変容過程への把握・理解をすすめるという点では,期待することが難しい。

とはいっても,これまで,試行調査やモデル事業の積み重ねの中で整備されてきたツールだけに,実践経験者として評価した場合にも,精神障害者支援に必要なアセスメント・ツールとしてその内容は,意義深いものがあり,ソーシャルワーク実践展開における支援レパートリーのひとつとして「精神障害者ケ

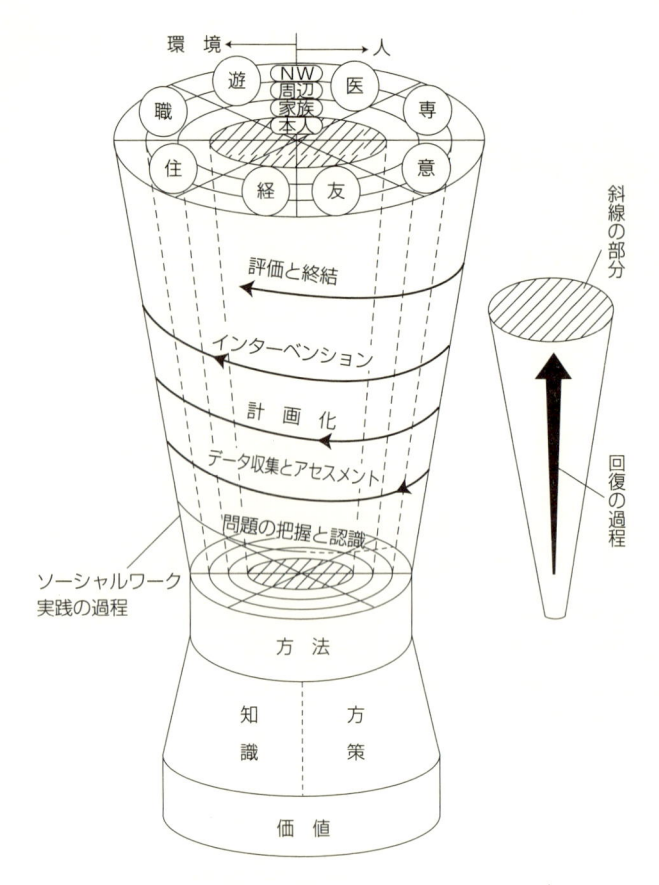

図Ⅳ-3　自律生活再構築アプローチ生成図（丸山，2003）[49]

アマネジメント」は，重要不可欠な方法であると考えられる。

　ところで丸山は，「エコシステム構想」を下敷きに，精神障害者の生活支援への実践方法として，「地域生活支援」と「クライエント参加」をキーワードにした「自律生活再構築アプローチ」と名付けられた構想を展開し，支援過程にコンピュータ科学を活用した「支援ツール」の開発をおこなっている[50]。図Ⅳ-3がそのアプローチの構想を表したものであるが，その際，「生活のエコシステム情報の構成と内容」（表Ⅳ-1）に依拠しながらも，精神障害者への地域生活を考えた場合に重要と考えられる8つのファクターを抽出し，また変化へ向けてのターゲットの単位としての本人・家族・近隣（周辺・地域）・ネッ

Ⅳ——包括・統合ソーシャルワークの実践概念化と具体的展開

トワークをみていく両方の視点を組み込み，精神障害者の生活を包括・統合的に把握・理解するためのエコシステム情報を構成させている。その8つの要素とは，

　①意（意思）
　②医（医療）
　③職（通所資源）
　④経（生計）
　⑤住（住居）
　⑥友（仲間）
　⑦遊（精神保健）
　⑧専（社会福祉）

から構成されており[51]，①意とは「意思」で，問題に取り組もうとする意欲や姿勢，動機づけを意味し，②医とは「医療」をさし，医療機関とのつきあい方や関係性，精神科医療機関および他診療科との連携であり，③職は，中核は「仕事」であるが，例えば，授産施設，小規模作業所，セルフヘルプグループ，保護的就労，アルバイトなどやそれらの組み合わせとして，直接的に生計との関連で考えるのではなく，昼間の活動の場，通所資源を意味している。④経は，経済的状況，「生計」をとらえ，生活を支える経済基盤のことであり，また，⑤住は，生活の基盤となる住む場所，⑥友は，互いに信頼し，支えあえるような「仲間」の存在，安心して自分らしくつきあえる仲間，⑦遊は，精神的健康を維持し，増進させるための趣味や日常生活での楽しみ，あるいは生きがいであり，そして⑧専は，生活のサポートを提供する専門支援者の存在である。

　結局のところ，利用者の生活全体を，「人間」と「環境」の2領域に，さらに「インフォーマル」・「フォーマル」と「ベース」・「周辺」に4分類し，その下位に，上述した「意」・「友」・「医」・「専」・「経」・「住」・「職」・「遊」の8構成を，その8構成それぞれに，「本人」・「家族」・「近隣」・「ネットワーク」という変化へ向けてのターゲットを位置づけ，32からなる生活システムのカテゴリーを設定している。そのカテゴリーひとつひとつに，ソーシャルワーク実践の構成要素である「価値」・「知識」・「方策」・「方法」の側面から，精神障害者の生活を包括的にとらえようと，合計128の構成子からなるエコシステム情

報パターンを整備している。

　さらにエコシステム情報を収集する際に，それぞれの構成子の特性に合致した情報が収集できるよう，クエッショネアが用意されており，また特徴的なことは，支援過程への「クライエント参加」が主眼におかれているため，ソーシャルワーカーへの128にわたる質問項目のほかに，32項目からなる，利用者の現実の姿を自らがアセスメントできる，利用者版のクエッショネアを用意し，セルフ・アセスメントが可能な方法を採用している。

　実際には，本章第1節で解説したように，コンピュータを活用し，シミュレーション・プログラムにより，収集した情報を処理し，生活を包括・統合的に，またその変容をも視覚的に把握できることを可能にするため，グラフ化し表示するシステムを基本的に利用し，ソーシャルワーカーの視点による生活情報，利用者自らの生活の理解，また両者の対照比較等が容易におこなえるものとなっている。丸山は，自らのソーシャルワーカー経験から出発し，現任者とも意見を交換しながら，方法の定式化をおこない，事例考察を実施し，精神障害者の独特な生活への包括・統合的理解を推進する上で，非常に説得力のあるものとなっており，本格的実用化に向けた継続的推進に期待がもてるものである[52]。

　以上，精神科医療におけるいくつかのツールや，PIEシステム，精神障害者ケアマネジメント，エコシステム構想にもとづく丸山の「自律生活再構築アプローチ」について考察をおこなってきたが，それらをふまえ，「参加と協働」の原理にもとづき，「精神障害者の自己決定過程を保障した上での，自立した生活構築への支援」を今後の精神保健ソーシャルワーク実践の一大目的と見据え，個々別々で，複雑多様で，多岐にわたり「疾患と障害の併存」した，精神障害者の生活を包括・統合的に把握・理解することへのチャレンジとして，「エコシステム構想」にもとづき，新しい生活システム体系の作成について言及することにしたい。

　基本的には，「生活のエコシステム情報の構成と内容」（表Ⅳ-1）をベースにし，前述したいくつかのアセスメント・ツール内容，特に，「精神障害者ケアマネジメント」を参考にし，また筆者のこれまでの実践経験からの一般化作業，さらには精神保健ソーシャルワーク現任者等との複数回にわたる議論もふ

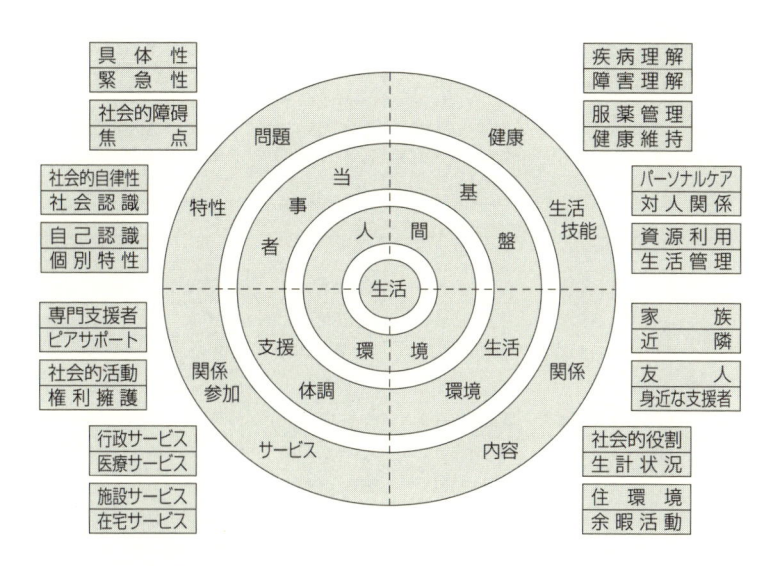

Ⅳ──包括・統合ソーシャルワークの実践概念化と具体的展開

図Ⅳ-4　精神障害者の生活システム構成（太田，2003を参照し，筆者により改変）[53]

まえて，精神障害者の生活を包括・統合的に把握しうる構成を検討した。図Ⅳ-4は，そのシステム構成について図示したものであり，同心円中央の「生活」から，外側に向かい，「人間」・「環境」の2領域，「当事者」・「基盤」・「生活環境」・「支援体制」の4分野，「特性」・「問題」・「健康」・「ソーシャルスキル」・「関係」・「内容」・「サービス」・「社会参加」の8構成，さらに各々の構成が，4つの内容から構成されているという，精神障害者の生活システム構成としてまとめている。

また，表Ⅳ-6は，その構成子を「生活のエコシステム情報／精神障害者生活支援版」として一覧にしたものである[54]。現在は，精神障害者の生活支援場面において活用しうる「実践支援ツール」として，128のクエッショネアの作成をし，継続的に見直しを実施，精緻化に努めている段階にある。

図Ⅳ-5は，支援ツールの活用により，利用者と支援者の参加と協働体制を推進し，複雑な生活状況を理解しながら，実践展開をおこなっていく，これからの精神保健ソーシャルワーク実践について，イメージ化したものである。そこで以下において，事例考察を展開し，支援ツール活用の意義や目的について確認することにしたいが，今後は，支援展開場面での実証を積み重ねていかな

59

表Ⅳ-6　生活のエコシステム情報／精神障害者生活支援版（筆者作成）

生活システム領域カテゴリー				実践要素の構成内容情報		1 価値 態度 姿勢 志向 機運 関心 自覚 価値意識	2 知識 現状 事実 実状 内容 関係 理解 状況認識	3 方策 制度 政策 計画 施策 見通 私案 資源施策	4 方法 取組 対応 参加 活用 協力 努力 対処方法
全体	領域	分野	構成	内	容				
生活	1 人間	Ⅰ 当事者	① 特性	A	個別特性	倫理特性	機能特性	社会特性	行動特性
				B	自己認識	自己への関心	自己理解	自己改善計画	自己改善努力
				C	社会認識	社会への関心	社会認識の状況	社会認識への計画	社会認識への取組
				D	社会的自律性	生きがい意識	目標の具体化	目標達成計画	目標達成努力
			② 問題	A	焦点	焦点への関心	焦点の現状	焦点への対応	焦点への取組
				B	社会的障碍	障碍の自覚	障碍の現状	障碍改善策	障碍の克服
				C	緊急性	緊急性の自覚	緊急性の現状	緊急への対応	緊急への取組
				D	具体性	問題の性質	問題の現状	問題改善計画	問題改善努力
		Ⅱ 基盤	③ 健康	A	病気理解	疾病理解への態度	疾病理解の現状	疾病理解の見通	疾病理解への取組
				B	障害理解	障害理解への態度	障害の現状	障害理解の見通	障害理解への取組
				C	服薬自己管理	服薬への自覚	服薬管理の現状	服薬管理の計画	服薬管理の努力
				D	健康維持	健康への関心	健康の現状	健康維持の計画	健康維持の努力
			④ ソーシャルスキル	A	パーソナルケア	パーソナルケアの自覚	パーソナルケアの現状	パーソナルケア改善計画	パーソナルケア改善努力
				B	対人関係	対人関係への関心	対人関係の現状	関係改善の努力	関係改善への取組
				C	社会資源活用	資源利用への関心	資源利用の内容	資源利用の計画	資源利用の取組
				D	生活管理	生活管理への自覚	生活管理の現状	生活管理計画	生活管理への取組
	2 環境	Ⅲ 生活環境	⑤ 関係	A	家族	家族の姿勢	家族との関係	家族の支援見通	家族の支援協力
				B	近隣	近隣の姿勢	近隣との関係	近隣の支援見通	近隣の支援協力
				C	友人	友人の姿勢	友人との関係	友人の支援見通	友人の支援協力
				D	身近な支援者	支援者の姿勢	支援者の現状	支援者の計画	支援者の活用
			⑥ 内容	A	社会的役割	役割への態度	役割の遂行内容	役割の遂行計画	役割の遂行努力
				B	生計状況	生計への姿勢	生計の現状	生計維持の計画	生計維持の努力
				C	住環境	住環境への関心	住環境の現状	住環境維持の計画	住環境維持の努力
				D	余暇活動	余暇活動への関心	余暇活動の内容	余暇の活動計画	余暇活動の展開
		Ⅳ 支援体制	⑦ サービス	A	行政サービス	行政サービスの姿勢	行政サービスの現状	行政サービスの計画	行政サービスの展開
				B	医療サービス	医療サービスの姿勢	医療サービスの現状	医療サービスの計画	医療サービスの展開
				C	福祉施設サービス	施設サービスの姿勢	施設サービスの現状	施設サービスの計画	施設サービスの展開
				D	在宅支援サービス	在宅サービスの姿勢	在宅サービスの現状	在宅サービスの計画	在宅サービスの展開
			⑧ 社会参加	A	専門支援者	専門支援者の姿勢	専門支援者の現状	専門支援者の計画	専門支援者の取組
				B	ピアサポート	ピアサポートへの関心	ピアサポートの現状	ピアサポートの見通	ピアサポートへの参加
				C	社会的活動	活動への関心	社会的活動の現状	活動への参加計画	社会的活動の展開
				D	権利擁護	権利擁護の機運	権利擁護の実状	権利擁護の制度	権利擁護への取組

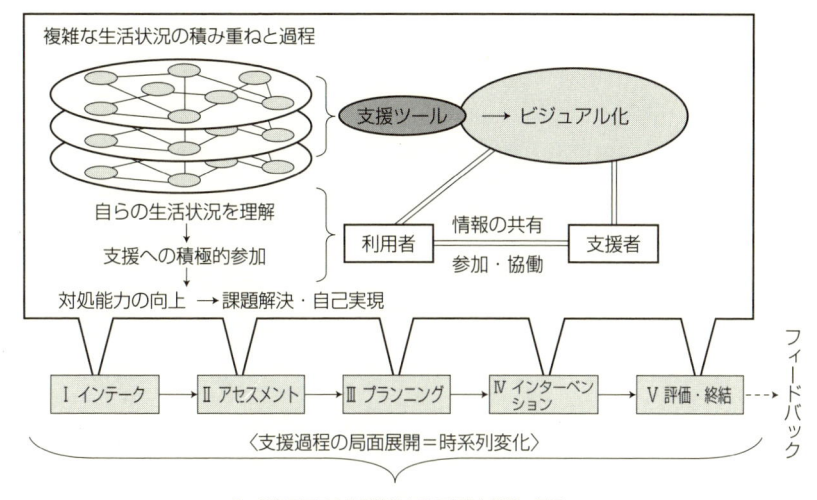

Ⅳ——包括・統合ソーシャルワークの実践概念化と具体的展開

図Ⅳ-5 支援ツールを活用した参加と協働による精神保健ソーシャルワーク実践
(太田，2002bを参照し，筆者により改変)[55]

ければならないところである。

(1) 事例考察

ここでは，開発した支援ツールを活用し，事例考察を試みてみたい。使用する事例は，「母の看病をするために退院を決意した浜田さんへの地域生活支援」というタイトルの事例であり[56]，上述した精神障害者ケアガイドラインにもとづくケアマネジメントの方法を用い，利用者本人の意向を尊重し，潜在的な力（ストレングス）に焦点をあて支援がおこなわれた実践展開例である。

ケアマネジメント導入から3年間にわたる経過の中で，入院先である精神病院の精神保健福祉士と，退院後，中核的な支援者となった地域生活支援センターの精神保健福祉士のかかわりを中心に，本人の意向を尊重しながら支援を展開し，地域生活を継続している事例である。

そこで，事例の概要を以下にまとめているが，支援ツール・精神障害者生活支援版を使用し事例の考察をおこない，整理された生活情報，シミュレーションの結果として示されるグラフをもとに，生活実体の全体像と変容過程につい

て考察することにしたい。なお，今回は事例を考察する上で，①ケアマネジメントを導入決定と，第1回目のアセスメント，②第1回ケア会議・第2回ケア会議と評価・再アセスメント，③第3回ケア会議と2年後の状況に3分割し，その時点で，事例にある情報を把握し，筆者がソーシャルワーカーの立場から，判断し，スキャニングし，考察をおこなっている。

①第1次スキャニング

以下にある事例概要の情報をもとに，数か月後の退院を目指し，ケアマネジメントの導入を決定し，第1回目のアセスメントを実施した段階において，支援ツールによる，第1次のスキャニングをおこなった。

【利用者概要】

浜田美穂子さん（仮名・53歳）は，統合失調症と軽度知的障害と診断され，18歳の時にB病院に入院し，退院後数年間，地域で生活したが，24歳から26年間，入院生活をしてきた。

浜田さんは再三退院を希望したが，病弱な母親が退院をためらい，長期入院が継続していた。統合失調症既往歴のある父親は，36年前に他界し，2つ違いの弟家族は米国に居住している。

2001年3月，ひとり暮らしをしていた母親が，持病の喘息を悪化させ，内科病院へ入院した。B病院の精神保健福祉士・P子が同行し，母親の面会に行った浜田さんは，「母親の世話をするために退院したい」という思いを抱くようになった。

浜田さんの希望を汲み取ったP子は，浜田さんを交え，主治医，担当看護師と話し合いの場をもち，数か月後の退院を目指すことになった。

長期間の入院生活もあり，地域での生活支援は病院だけでは困難と考え，P子は浜田さんに，ケアマネジメントの導入を提案し，浜田さんから了解を得た。

【ケアアセスメント】

2001年6月，浜田さんの外泊時に家庭訪問をおこない実施したアセスメント結果は以下の通りである。

ニーズ	◎退院して，内科病院に入院している母の世話をしたい。 ○食事を作ってほしい。 ○相談にのってほしい。 ○服薬を忘れてしまう。 ○規則正しい生活をしたい。 ○母親の世話をどこまでしたらよいかわからない。 ○隣近所とのつきあい方がわからない。

Ⅳ──包括・統合ソーシャルワークの実践概念化と具体的展開

ストレングス	○掃除や洗濯が得意である。 ○編み物や趣味で他人にセーターを編んであげることもある。 ○我慢強い。 ○同年齢や年上の人から好かれるタイプである。 ○母思いである。 ○世話好きである。
健康状態	○時に被害妄想が出現するが，日常生活に支障はない。 ○かなり肥満である。
自立生活能力 ○内数字はケア必要度評価点	a　身のまわりのこと　必要な食事をとること④，生活リズム③，個人衛生・みだしなみ②，清掃やかたづけ，洗濯①，金銭管理② b　安全の管理　火の始末①，大切な物の管理② c　健康の管理　服薬管理③，身体健康の管理② d　社会資源の利用　交通機関の利用③，公共機関・金融機関の利用③　電話の利用① e　対人関係　協調性②，自発性②，隣近所とのつきあい③，友人などとのつきあい② f　社会的役割・時間の活用　自分なりの社会的役割をもつ②，趣味・空いた時間の過ごし方 g　緊急時の対応　心配事の相談④，悪化時の対処③ h　配慮が必要な社会行動　会話の適切さ③，マナー②，自殺ないし自傷の念慮や行為②，その他の社会的適応を妨げる行為②
環境条件 個人条件	○持ち家は数年前に改築しており，快適な住居。入院中の母と近隣の関係はよく，浜田さんは近隣とのつきあい方を案じているが友好的であり心配はない。民生委員も親切である。母が外泊してきても近隣の援助は得られそうである。ただし，浜田さんはやや表現力が乏しいので，誤解を招くことが起こりかねない。事前にお願いしておく必要がある。 ○精神障害者地域生活支援センターの積極的な支援が期待できる地域である。 ○ボランティア組織のない地域なので，今後養成を検討する必要がある。
経済状態	○障害年金2級受給。 ○（10年前に田畑を売ったお金3000円が浜田さんのために預金してある。）
医療との関係	○病院はバスで40分かかるが，長年，親しんだところである。 ○浜田さんと主治医との関係は良好であり，当面，通院先は変更しない。
趣味・生きがい	○編み物（プレゼントして喜ばれるのが何よりも楽しみ）
長期目標・夢	○ホームヘルパーの資格を取得して，家事援助などをしたい。 ○それには，食事作りなど達成しなければならないいくつかの課題があることの認識はある。
まとめ	○浜田さんは，長期の入院にもかかわらず，退院への意欲は高い。また，外泊を体験して，自己の問題点にも気づいておられる。反面，ひとり暮らしと母の介護に関する不安は高い。 ○まずは，地域生活を整え，余力を母の介護に当てるよう支援する。 ○特に食事に関しては，毎日のことであり，配食サービスを中心にホームヘルプサービスも活用し，浜田さんが自分で作れるようになるための支援もおこなう。規則正しい生活や服薬については，退院直後に習慣づけることが大切なので重点的に支援する。地域生活が順調に進めば，母親の外泊なども検討したい。

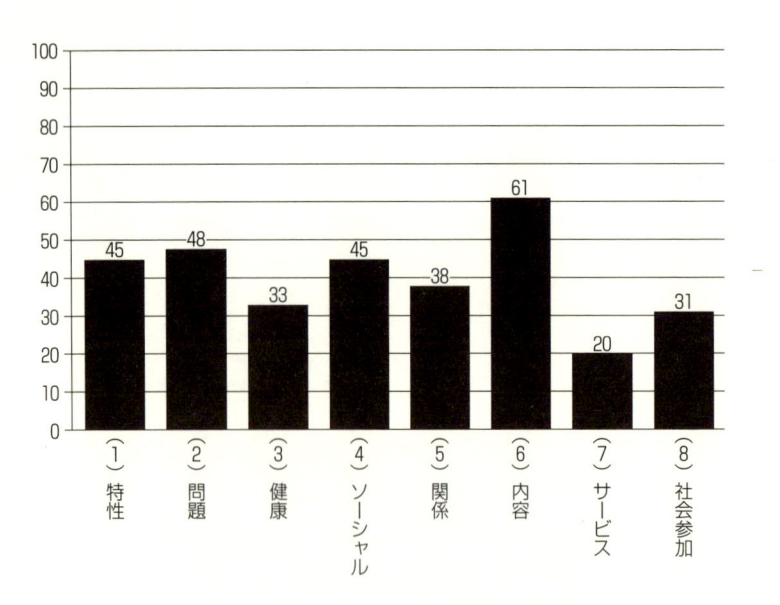

図Ⅳ-6　第1次スキャニング結果①（8構成）

　図Ⅳ-6は，第1次スキャニングの結果について，生活状況を8つの構成からとらえ，グラフ化して表示したものである[57]。このように，複雑・多様な生活状況をとらえ，整理し，ビジュアル化することで，生活実体を把握・理解することを推進することに，支援ツールを活用する最大の利点を強調したいが，第1次スキャニングから把握できる要点についてまとめると，

①利用者個人の状況を示す「人間」領域（左半分，4つの構成）では，利用者本人の退院への意欲も高く，目標もあり，自己の問題点にも気づいている部分があるため，比較的バランスがとれている。

②しかし，(3)健康の部分が低いポイントであるのは，服薬が不規則であること，病気への認識が不充分であることが影響しており，地域での生活へ向けて，留意しなければならないことがうかがえる。

③一方，「環境」領域（右半分，4つの領域）においては，「生計の状況」の安定，「住環境」の良好な整備状況から，高いポイントとなっている。

④(7)サービスがもっとも低いポイントを示しているのは，各種の社会的サービスが導入前であり，退院後の地域生活支援策を計画する上では，重

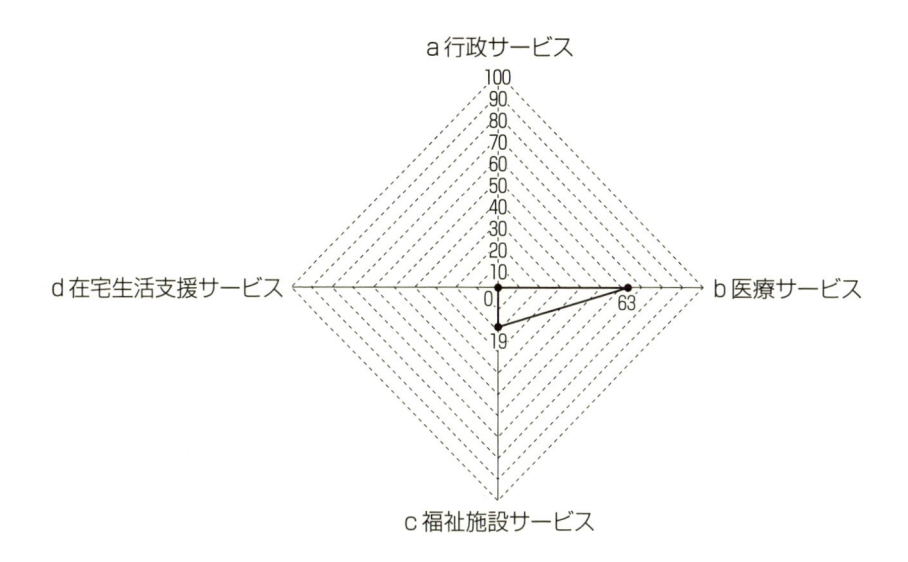

Ⅳ──包括・統合ソーシャルワークの実践概念化と具体的展開

```
                    a 行政サービス
                         100
                         90
                         80
                         70
                         60
                         50
                         40
                         30
                         20
                         10
d 在宅生活支援サービス ─── 0 ─── 63 ─── b 医療サービス
                         19
                    c 福祉施設サービス
```

図Ⅳ-7　第1次スキャニング結果②（サービス構成の内容）

要な支援視点であると判断できうる。

　そこで，図Ⅳ-7に示したのが，(7) サービス構成の内容をグラフ化したものであるが，現在，入院している医療サービスについては当然のことながら，精神保健福祉士や医師・看護師を中心とした支援展開をおこなっているが，わずか，地域生活支援センターの支援を期待できる状況にとどまり，保健所等の行政サービスや，ホームヘルパー等の在宅生活支援サービスについては，退院後の地域生活支援を計画する上で，早急に確認し，連携をとり，体制を整えていかなければならないことが，支援焦点として浮かび上がっている。

②第2次スキャニング
　その後，利用者本人を中心に，関係者が集い，第1回，第2回とケア会議を開催し，地域生活をスタートさせ，2か月が経過した。

【第1回ケア会議】
◇日　時：2001年6月X日
◇出席者：浜田さん，P子，主治医，担当看護師，保健所精神保健福祉相談員，精神障害者地域生活支援センター・精神保健福祉士W男，ホームヘルパーの7人
◇場　所：病院のカンファレンスルーム
○P子がケアマネジメント従事者となり会議を運営し，「母の介護をしつつ，自宅での生活のペースをつかむ」をテーマに，アセスメント結果をもとに，ケア計画を立案した。浜田さんのニーズに応じて目標，浜田さんの役割，支援するスタッフ等を決定し，浜田さんの了解を得て，サービスの提供を開始することとした。なお，ケア計画見直しの時期を，退院後2か月とした。

【モニタリングと評価・再アセスメント】
○退院間もない1か月は集中的な見守りが必要であり，P子は頻回に家庭訪問をし，モニタリングをおこなった。
○浜田さんは，支援者を上手に活用することができ，2か月の間に支援者との信頼関係も確立した。

【第2回ケア会議】
◇日　時：2001年8月X日
◇出席者：浜田さん，P子，保健所精神保健福祉相談員，W男，ホームヘルパー，民生委員，母親が入院している病院の医療ソーシャルワーカー
◇場　所：浜田さんの自宅
○10月下旬に，母親を退院させられないかと，医療ソーシャルワーカーより事前に打診があった。P子は，母を自宅で介護するにはもう少し時間が必要だという考えを伝えたが，浜田さんの思いは強く，10月下旬以降は，母親とのふたり暮らしを支援する方向でケア計画が作成された。

【モニタリングと評価・再アセスメント】
○母の退院予定が近づくにつれ，浜田さんの不安は高まり，服薬をしていたのにもかかわらず，妄想が強くなり，外出できなくなってしまった。P子は入院の必要性を感じたが，「絶対に入院したくない」「誰かそばにいてほしい」という浜田さんの気持ちを尊重し，訪問看護と地域生活支援センターの訪問回数を増やした。
○母親の退院を中止し，集中的に支援者が訪問した結果，1か月後には妄想も消え，危機を乗り切った。この危機状況の中，浜田さんは地域生活支援センターとの関係を強めることになり，第3回ケア会議以降，ケアマネジメント従事者をW男に変更することにした。

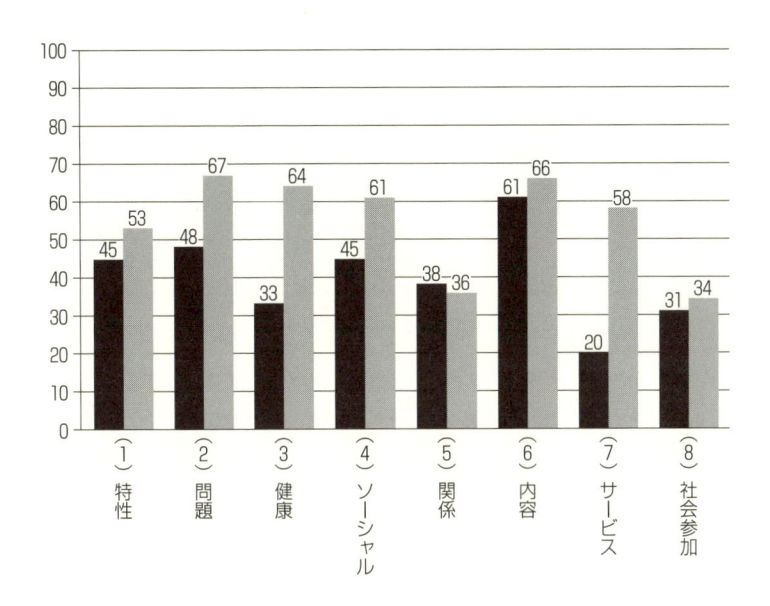

Ⅳ——包括・統合ソーシャルワークの実践概念化と具体的展開

図Ⅳ-8　第2次スキャニング結果①（8構成）

　図Ⅳ-8に，第2次スキャニングによる8構成から整理したグラフだが，第1次スキャニング結果が左，第2次スキャニング結果が右に示されているが，その変容状況は一目瞭然であり，

　　①ほぼ全構成においてポイントが高く変容しており，地域生活の基盤が形成されてきていることが判断でき

　　②母親の退院が近づき，不安定な状況に陥ったが，集中的なケアにより，危機を乗り切ったことで

　　③（2）問題では，自らの問題への自覚や取り組み，（3）健康では，疾病理解や障害理解，服薬管理への自覚や認識，取り組みが推進されてきている

　　④またそのことは，（7）サービスの大きな変容にあらわれており，地域生活継続への支援体制が整ってきていると判断できる

　第1次スキャニング時点からの変容を明確にするため，図Ⅳ-9として，（7）サービスの変容についてグラフを示すが，2度のケア会議に，行政・医療・福祉施設・在宅生活支援それぞれの関係者が集い，利用者本人を中心に支援計画

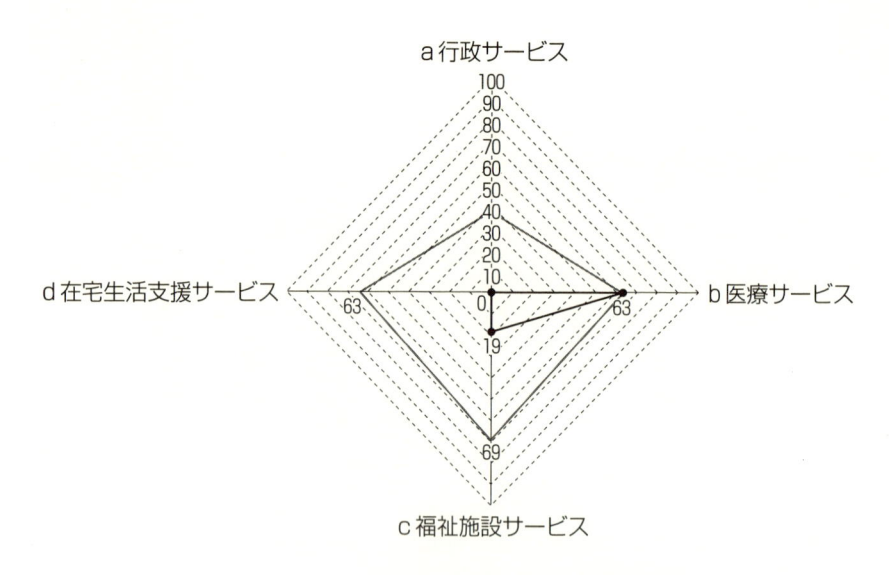

```
         a 行政サービス
              100
               90
               80
               70
               60
               50
               40
               30
               20
               10
d在宅生活支援サービス ─── 63 ─── 0 ─── 63 ─── b 医療サービス
                          19

                          69
                    c 福祉施設サービス
```

図Ⅳ-9　第1次と第2次の変容（サービス構成の内容）

を立案したこと，また，症状悪化による危機的状況の中，訪問看護や地域生活支援センターが積極的にかかわり，支援体制を増強することで，危機を脱したことで，利用者本人の地域生活継続への支援体制が確立してきたことが確認できる。

③第3次スキャニング

その後下記の概要にあるように，退院半年後の第3回ケア会議，さらには2年後の状況を，第3次スキャニングとして実行したが，図Ⅳ-10および図Ⅳ-11は，第1次から第3次までのスキャニング結果を8構成において整理し，表示させたものであるが，生活全般にわたるすべての状況において高いポイントで変容しており，

【第3回ケア会議】
◇日　時：2001年12月X日
◇出席者：前回メンバーに訪問看護ステーションの看護師と市の保健師が加わり9人。
◇場　所：浜田さんの自宅

○10月の病状悪化の反省を踏まえ,母の退院はしばらく見送ることにし,正月明けに一度外泊を試みることにした。
○母の介護を目的に退院したのではあるが,その目的も大切にしつつ,浜田さん自身の
QOLの向上を目指すことも大切ではないかとの話し合いがなされ,W男の提案もあり,得意である編み物の技術の向上を目指し,週2回編み物教室に通うことにした。

【モニタリングと評価・再アセスメント】
○浜田さんの生活は,P子や病院から少しずつ離れ,地域に根ざしたものへと変化していった。町内会の新年会にも参加し,母親の外泊も周囲の人々の善意に支えられ無事乗り切った。
○浜田さんは,「3年後にはホームヘルパー3級の資格を取りたい。5年後には2級を取って,ヘルパーの仕事がしたい。10年後にはきっと母が亡くなっているから,弟が住んでいるアメリカに旅行したい」と夢を語っている。

【浜田さんの2年後】
○53歳になった浜田さんは,3か月に1回,介護老人保健施設から外泊してくる母の介護をしながら,地域生活を継続している。
○現在のケアマネジメント従事者は地域生活支援センターのW男であるが,2年間,ひとり暮らしの支援をしてきて,浜田さんは軽度の知的障害ではなく,学習不足や体験の乏しさが原因の未熟さではないかと思うようになった。
○母親から聴取したところによると,浜田さんが生まれてまもなく,父親が入院し,手伝ってくれる人がいなかったので,産後2か月から浜田さんを伴って野良仕事をしていた。歩き始めてからは,木にくくりつけ仕事をしていたこともあったという。W男は,浜田さんは十分な養育環境ではない中で育てられ,コミュニケーション障害をもつに至り,知的な遅れと指摘されることになったのではないかと推測した。
○W男は,浜田さんには,細やかな支援を提供することで,浜田さんの潜在的な力(ストレングス)を伸ばすことが可能であると考えている。またこの間,浜田さんの近隣の人とも親しくなり,地域の人々も浜田さんの親子の支援の担い手になると判断している。
○浜田さんに2年前に語ってくれた夢について確認すると,ぜひホームヘルパーの資格を取得したいとのことで,W男は,浜田さんとともに,1年後にホームヘルパー3級資格を取得するための計画に着手した。

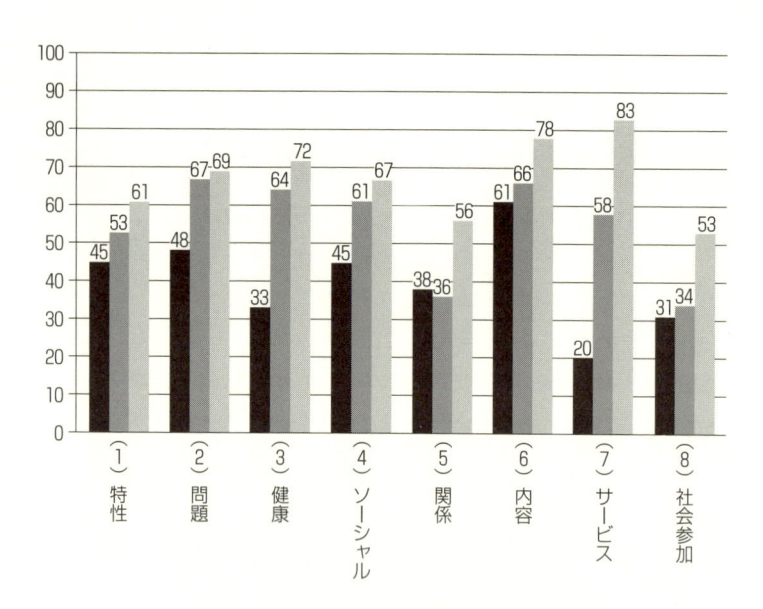

図Ⅳ-10　3年間の生活の変容状況（8構成）

① 3年間の経過の中で，地域生活は安定してきていると判断することができる
② (5) 関係や (8) 社会参加といったところでも，大きな変容がみられ，利用者本人が地域の行事に積極的に参加すること，そのことで近隣との関係が良好となり，身近な支援者とのかかわりが強化された
③ 図Ⅳ-11からも，生活の拡大・安定状況がうかがえるが，今後の課題としては，現在の生活状況を維持しつつ，利用者本人の将来への目標に向かっての支援計画を立案することが重要である

そこで今後の支援焦点をスキャニングの結果から示すならば，図Ⅳ-12と図Ⅳ-13は，それぞれ他と比較して，変容が低く推移している (5) 関係と (8) 社会参加の内容について表示したものであるが（第1次については実線，第2次，第3次については，それぞれ，破線，太い実線で示してある），今後の支援焦点として以下のことが指摘できる。

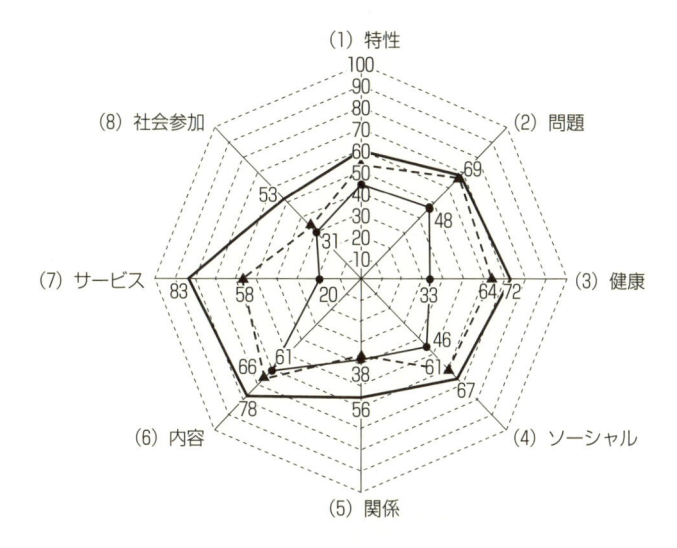

Ⅳ──包括・統合ソーシャルワークの実践概念化と具体的展開

図Ⅳ-11 3年間の生活の変容状況（8構成レーダーチャート）

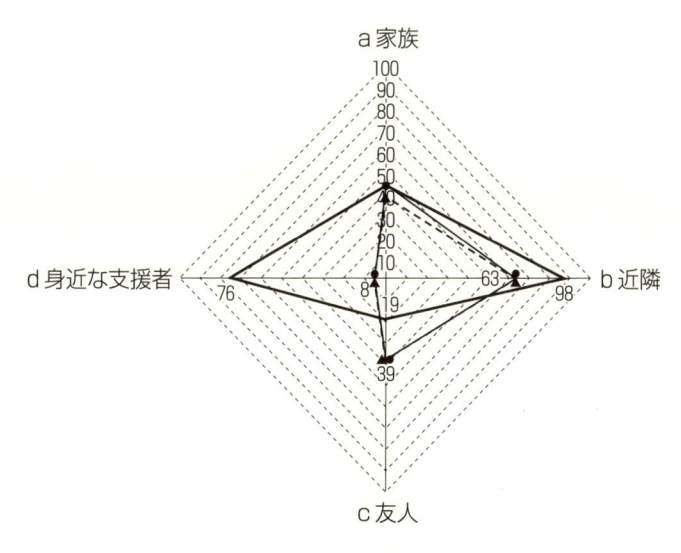

図Ⅳ-12 （5）関係の変容

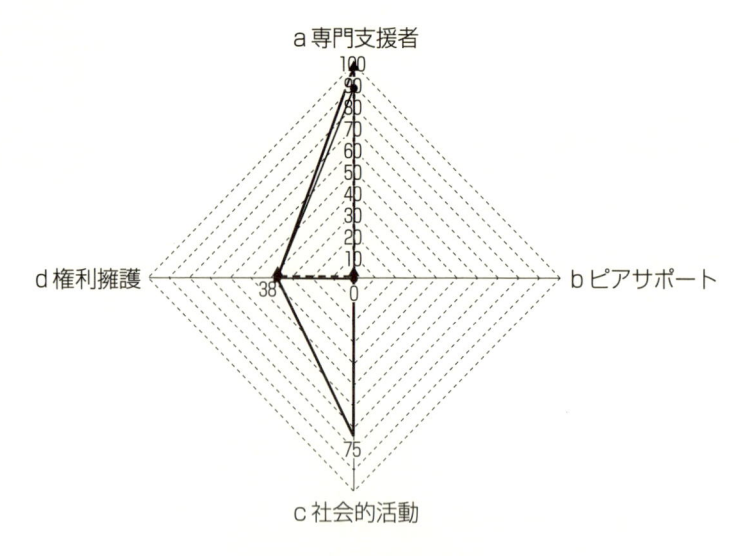

図Ⅳ-13 （8）社会参加の変容

① 家族については特段の変容なく推移しているが，これは，母親が入院による安定を継続していることをあらわしており
② 今後は，年齢からいって，状況の変化が予想され，その際の本人への支援体制を準備しておかなければならない
③ また中期的には，米国在住の弟との連携も模索しておく必要がある
④ 近隣や身近な支援者との関係は良好な状態にあるが，友人関係については不明な点があり，利用者本人より状況を確認する必要がある
⑤ これは，ピアサポートとの関連もあり，今以上に生活の安定や維持，向上を考えた場合，考慮に入れるべき視点である
⑥ これまで，利用者本人の権利に関する問題はなかったが，状況の把握もなされていない。財産・金銭の問題を含めて，権利擁護への取り組みも視野におき，今後の生活支援に当たるべきである

以上，一事例に対して，支援ツールを活用しての考察を展開したところであるが，あくまでも加工された事例を通しての考察であり，その意味での限界もあるが，

　　① 利用者の生活状況を整理し，把握することができる

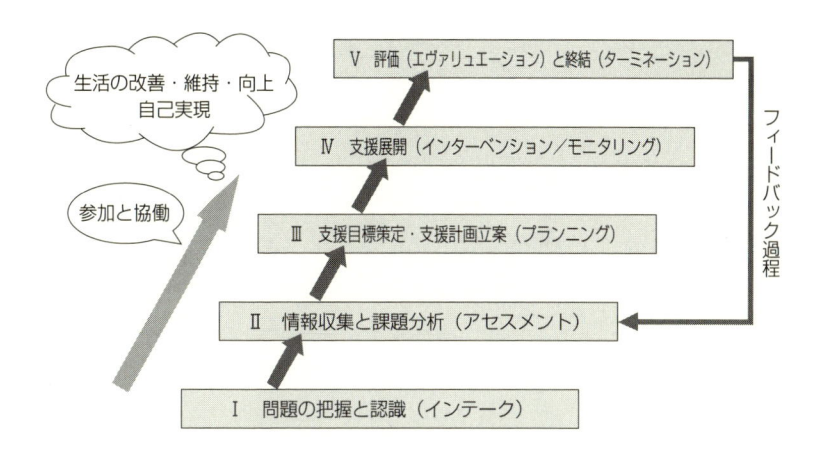

Ⅳ——包括・統合ソーシャルワークの実践概念化と具体的展開

```
生活の改善・維持・向上        Ⅴ 評価（エヴァリュエーション）と終結（ターミネーション）
自己実現
                            Ⅳ 支援展開（インターベンション／モニタリング）     フィードバック過程
参加と協働
                            Ⅲ 支援目標策定・支援計画立案（プランニング）

                            Ⅱ 情報収集と課題分析（アセスメント）

                            Ⅰ 問題の把握と認識（インテーク）
```

図Ⅳ-14　実践の展開過程（筆者作成）

②そのことで，具体的事実の意味をより詳細に検討することができる
③ビジュアル化により，生活の変容過程を一目で理解できる
④そのことにより，支援過程の流れをより理解することができる
⑤また，支援焦点がみつけやすくなり，今後の展望を描くことができる
といった諸点が充分に確認できる。今後は，実際の支援過程の場面で，多くの活用を実践し，積み重ねていかなければならないことはいうまでもないが，今一度強調しなければならないことは，ソーシャルワーク実践の究極的な目標は利用者の自己実現にあり，そのためには，図Ⅳ-14にあるように，支援の局面を積み重ね，フィードバックによる循環過程を展開していかなければならない。その際，最も重要なことは，利用者自らがその支援過程に参加し，支援者との間で協働体制を築き，自己実現を目指し，課題を解決し，生活・社会的機能の改善・再建・維持・向上をはかっていかなければならないことにある。その体制の確立は，これからのソーシャルワーカーにとって不可欠な視点である。

図Ⅳ-15は，支援ツールを活用した支援展開の意義を強調して示したものだが，支援展開の局面の要所要所において，支援ツールを活用することにより，複雑多様で把握の困難な生活実体と，支援内容や支援による生活の変容について，シミュレーションの結果が，利用者と支援者に整理された情報として提供され，その情報が双方に共有されることにより包括・統合的な理解をもたらし，

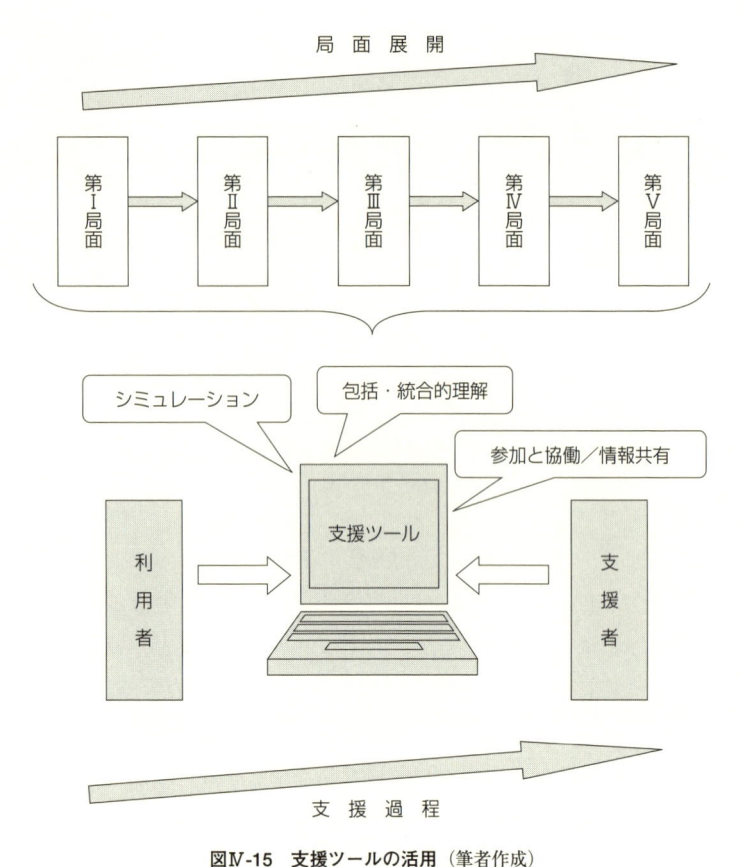

図Ⅳ-15　支援ツールの活用（筆者作成）

結果として，「参加と協働」の支援体制の確立が現実のものとなるのである。

■注■

1) Merton, R. K. 1949. *Social Theory and Social Structure*, Free Press.（＝1961　森東吾・森好夫ほか訳『社会理論と社会構造』みすず書房）を参照
2) Parsons, T. 1951. *The Social System*, The Free Press.（＝1974　佐藤勉訳『社会体系論』青木書店）を参照
3) 同上　5頁
4) 太田義弘（2003）「ソーシャルワークの臨床的展開とエコシステム構想」『社会学部紀要』（龍谷大学社会学部学会）22　1-17頁　等を参照
5) 同上　7頁
6) 同上

Ⅳ——包括・統合ソーシャルワークの実践概念化と具体的展開

7) 太田義弘・中村佐織ほか（2000）「ソーシャルワーク実践と支援ツール」『日本社会福祉学会2000年全国大会研究報告概要集』 171-172頁
　　中村佐織（1998）『ソーシャルワーク援助過程におけるアセスメントの展開と方法』 大阪府立大学大学院博士学位論文　桜プリント
　　丸山裕子（1998）『精神医学ソーシャルワークにおける自律生活再構築アプローチ』 大阪府立大学大学院博士学位論文　桜プリント　等を参照
8) 『ソーシャルワーク研究』（2000）Vol.26 No2 では，特集として次の論文が掲載されている。
　　小山隆（2000）「ソーシャルワークとコンピュータ」『ソーシャルワーク研究』Vol26 No2　125-133頁
　　高橋信行（2000）「福祉実践とコンピュータの利用」『ソーシャルワーク研究』Vol26 No2　134-139頁
9) 坂村健（1994）「イネーブルウエア：BTRON環境における障害者対応機能」（財）情報科学国際交流財団編『コンピュータと人間の共生——コンピュータによる障害者支援の展望』コロナ社　20頁
10) （財）情報科学国際交流財団編（1994）『コンピュータと人間の共生——コンピュータによる障害者支援の展望』コロナ社　に詳しい
11) 黒木保博（2002）「社会福祉実践方法へのコンピュータ科学の導入」仲村優一・窪田暁子・岡本民夫・太田義弘編『戦後社会福祉の総括と二一世紀への展望　Ⅳ実践方法と援助技術』ドメス出版　194頁
12) 同上　195頁
13) 「福祉情報」について太田は，「ソーシャルワーク実践にとって，情報とは，援助へのコミュニケーションを前提として，伝達の手法であるメディアを通じて，その人に意味のある事実や知識，データを提供し，判断や意思決定を促進し，支援するメッセージである」と述べている。太田義弘（1991）「ソーシャルワーク実践とコンピュータ」『大阪市社会福祉』第14号　8頁
14) 前掲　黒木（2002）　195-196頁
15) Mutschler, E. 1987. Computer Utilization, *Encyclopedia of Social Work* (18th ed.), NASW, pp.316-326.
　　Butterfield, W. H. 1995. Computer Utilization, *Encyclopedia of Social Work* (19th ed.), NASW, pp.594-613.
16) 岡本民夫・高橋紘士ほか編（1997）『福祉情報化入門』有斐閣　等を参照
17) 前掲　黒木（2002）　202頁
18) 前掲　太田（2003）　8-9頁
19) 太田義弘（2002a）「ソーシャルワーク実践研究とエコシステム構想の課題」『社会学部紀要』（龍谷大学社会学部学会）20　11頁
20) 前掲　太田（2003）9頁
21) 同上
22) 同上
23) 前掲　太田（2002a）
24) Sederer, L. I., & Dickey, B. (Ed.) 1996. *Outcomes Assessment in Clinical Practice*, Williams and Wilkins.（=2000　伊藤弘人・栗田広訳『精神科医療アセスメントツール』医学書院　44-48頁
25) 同上　伊藤・栗田翻訳書　49-51頁
26) 同上　52-54頁
27) 同上　81-83頁
28) 同上　84-90頁
29) 同上
30) Karls, J. M., & Wandrei, K. E. 1994. *PIE Manual: Person-in-Environment Systems: The PIE Classification Systems for Social Functioning Problems*, NASW Press.（=2001　J. M. カールズ・K. E.

ウォンドレイ／宮岡京子訳『PIEマニュアル―社会生活機能における問題を記述，分類，コード化するための手引き』相川書房　91頁
31）同上　宮岡翻訳書　i頁
32）同上．
33）上記翻訳書のほかに，宮岡京子（1993）「PIE（Person-In-Environment）―『クライエントの問題を記述，分類，コード化するためのシステム』のソーシャルワーク演習における活用」『ソーシャルワーク研究』Vol19 No3　186-193頁　があり，ソーシャルワーク実践教育におけるツールとしての活用についてふれている。
34）前掲　宮岡翻訳書　91頁
35）前掲　宮岡（1993）　186頁
36）前掲　宮岡翻訳書　v頁
37）同上　91頁
38）同上　6頁
39）同上　91頁
40）このツールは，「ソーシャルワーカーとクライエントの相互関係のさまざまな時点で行うことができ」，つまり，支援展開の局面ごとでのアセスメントとして用いることができ，「その記述は，時間の経過とともに，変化する可能性がある」ことについては，言及されている。同上　5頁
41）同上　i頁
42）古屋龍太（2001）「精神保健福祉施策の動向とケアマネジメント」日本精神保健福祉士協会編集『精神障害者のケアマネジメント』へるす出版　22頁
43）高橋清久（2001）「検討委員会の経過と精神障害者ケアガイドライン作成の意義」日本精神保健福祉士協会編集『精神障害者のケアマネジメント』へるす出版　91頁
44）同上　93頁
45）同上．
46）同上　94頁
47）同上　152頁
48）同上　151頁
49）丸山裕子（2003）「地域」精神保健福祉士養成講座編集委員会編集『精神保健福祉士援助技術総論』中央法規出版　219頁
50）前掲　丸山（1998）を参照
51）同上　218-219頁
52）前掲　丸山（1998）　76-136頁　を参照
53）前掲　太田（2003）　5頁
54）この128構成子からなる精神障害者生活支援パターンは，これまで数回にわたり修正を試みてきている。拙論（2001）「精神科ソーシャルワーク実践におけるジェネラル・ソーシャルワークの展開―その意義と方法」『広島文教女子大学紀要』36　146頁
55）太田義弘（2002b）「ソーシャルワーク支援への科学と構想」『社会学部紀要』（龍谷大学社会学部学会）21　11頁
56）三品圭子（2003）「日本における精神障害者ケアマネジメント」精神保健福祉士養成講座編集委員会編『精神保健福祉士援助技術各論』中央法規出版　199-207頁　および，三品圭子（2004）「ストレングス視点に基づく地域生活支援」精神保健福祉士養成講座編集委員会編集『精神保健福祉援助演習』中央法規出版　239頁　に掲載されている事例をまとめたものである。三品氏には掲載にあたり許可をいただいた。
57）支援ツールによる収集情報のシミュレーション方法であるが，開発の初期段階では，情報構成子に重み付けをした加重平均のシミュレーションであったが，コンピュータ・エンジニアの参画・支

援により，改良がなされ，新しい構成子ポイント計算法が採用されている。また，計算結果の表示方法としてビジュアル化の課題があるが，現在は，「棒グラフ」，「レーダーチャート」，「折れ線グラフ」の3種類について，容易に表示できるようになっている。前掲　太田（2002a）12-13頁　を参照

V ソーシャルワーク実践教育の変遷と課題

1 ソーシャルワーク実践教育の変遷

　はじめに，ここで用いている「ソーシャルワーク実践教育」という用語について，今一度その意味を確認しておきたい。「ソーシャルワーク実践教育」という用語はこれまでに少なくとも一般化され，日常的に用いられてきたものではない。これまでに公刊されている書物や論文等を参照してみるならば，「社会福祉教育」や「社会福祉の専門教育」等が通例として用いられている場合が多い[1]。それらは，学部教育や大学院教育を中心にした高等教育機関での社会福祉に関する教育，専門支援者としてのソーシャルワーカーを養成する教育を包括的に意味しているが，川廷は，社会福祉教育という言葉で語られている内容について，
　　①専門職員養成教育
　　②専門的な教養としての福祉教育
　　③生活の知恵としての福祉教育
　　④クライエント援助方法としての社会福祉教育
の4点から分類し，①の専門職員養成教育をソーシャルワーク教育として位置づけている[2]。ここでは，課題提起的に「ソーシャルワーク実践教育」を用いることにしたい。その理由は，以下の点にある。
　　①社会福祉の究極的目標は利用者の自己実現にあり，「制度・政策としての社会福祉」＝「ハード福祉」は，利用者への支援展開における条件として，実践的に包括・統合化される必要がある。
　　②つまり，「実践活動としてのソーシャルワーク」＝「ソフト福祉」の重

要性が再認識され，その真価が問われている。
③それ故，社会福祉系大学等のソーシャルワーカー養成機関における教育においては，国家資格取得の要件に準じながらも，「ソフト福祉」の重要性を意識し，専門支援者としてのソーシャルワーカー養成教育に重点がおかれるべきである。
④そのためには，教育目標・教育内容・教育方法等について，価値・知識・方策・方法からなるソーシャルワーク理論・方法論をコアにして，再編成・再構築する必要がある。

つまり，単に国家試験受験資格取得のために必須の指定科目を履修することにとどまらず，また分断された分野・領域論の展開に陥らず，講義・演習・実習といった教授形態を統合的にとらえ，資格制度とも連動させながら，実践活動としてのソーシャルワークを中心にすえた教育展開が不可欠であるという認識と社会福祉系大学の使命と責任を意識してのことである。

ところで周知のようにわが国においては，大正中期以降，私立大学において，社会福祉（社会事業）・ソーシャルワークの教育実践が展開されていたが[3]，それが本格的に取り組まれるようになったのは，第二次世界大戦後，GHQ・PHWS (Public Health & Welfare Section) の指導により，養成施設（日本社会事業短期大学→1958年に日本社会事業大学，中部社会事業短期大学→1957年に日本福祉大学）が整備されたことにはじまる。そこから半世紀，わが国において社会福祉の専門教育が展開されてきたわけであるが，その後は，その時々の社会福祉をめぐる問題・課題に対応してきた社会福祉政策のあり方に連動し，各教育機関の独自性を固守しながらも，マンパワー対策として，その養成を考えた教育展開がなされてきた事実がある。畠山は社会福祉専門教育と社会福祉政策の関連について次のように述べている[4]。「社会福祉に関する『教育』は，いわゆる社会福祉政策の発達および，その国における生存権保障の実情と深くかかわっている。大学レベルでのソーシャルワーカーの養成プログラム（専門職化）も，それらの実体と密接にかかわることになる。いわば，社会保障の制度等を前提にしたソーシャルワーカーの養成なのだと理解すべきであろう。」「戦後50年，わが国ではソーシャルワーカーの養成プログラムの進展がみられたというより，マンパワー養成対策プログラムが充実しつつあると判断

せざるをえない。」この指摘は，ある意味非常に的を射ているといえる。

表V-1は，戦後の社会福祉専門教育をめぐり，その関連事項とともにまとめたものであるが，上述したマンパワー養成対策としての社会福祉専門教育について大橋は，いくつかの段階に区分できることを指摘している。その指摘に従えば現在までを次の4段階に区分することができる[5]。

①戦後初期～1960年代末：社会福祉主事制度，社会福祉事業法に基づき，福祉に関する有給職員の配置，福祉事務所職員の養成・確保
②1970年代～1985年頃：「社会福祉施設緊急整備五ヵ年計画」に基づく，社会福祉施設職員の養成・確保
③1987年以降：「社会福祉士及び介護福祉士法」制定による，国家資格制度化以降の福祉専門職の養成・確保
④1990年代後半以降：社会福祉基礎構造改革や社会福祉法制定（パラダイム転換）以降の福祉専門職の養成・確保

表V-1 戦後のソーシャルワーク実践教育関連事項（中村，2003を一部修正）[6]

年	主 要 事 項	関 連 事 項
1951	日本社会事業短期大学設置	社会福祉主事制度（1950）
1953	中部社会事業短期大学設置	社会福祉事業法制定（1951）
1955	日本社会事業学校連盟創設	
		日本ソーシャルワーカー協会設立（1960）
1966	「社会福祉教育カリキュラム基準」（学校連盟）	日本PSW協会設立（1965）
1971	「社会福祉士法」制定試案（中央社会福祉審議会）	「社会福祉施設緊急整備五ヵ年計画」（1971）
1976	「社会福祉教育のあり方について」意見具申（中央社会福祉審議会）	
1984	日本社会事業学校連盟教育セミナー開催	
1985	「学校連盟による社会福祉専門職員養成基準」（養成ガイドライン）	
1987	社会福祉士及び介護福祉士法	障害者基本法（1992） 精神保健福祉法（1995） 介護保険法（1997）
1997	精神保健福祉士法	
1999	「福祉専門職の教育課程等に関する検討会報告書」（厚生省・検討会）	
		社会福祉法（2000）
2001	（社）社会福祉士養成施設協議会設立	
2003	精神保健福祉士養成施設協議会設立	

戦後の混乱期の中，わが国は，児童福祉法（1947），身体障害者福祉法（1949），生活保護法（1950）を制定し，いわゆる「福祉三法」体制を確立していくが，社会福祉事業の全分野における共通的基本事項を定めた社会福祉事業法の制定（1951）により規定された福祉事務所に，一定の教育訓練を受けた有給職員である社会福祉主事が配属されることにより，その養成・確保が喫緊の課題となり，各教育機関も社会福祉主事養成に対応するようになったのが，第一の段階である。

　この間の1955年には，14の加盟校により「日本社会事業学校連盟」が設立され，また1966年には「社会福祉教育カリキュラム基準」が公表された。このカリキュラム基準は「多くの大学の社会福祉教育カリキュラム作成に影響を与えた[7]」が，表V-2にあるように，専門科目76単位以上を，必修4単位以上の実習を含み，「社会福祉概論」・「社会福祉発達史」などの基準部門（社会福祉基礎科目）24単位以上，「公的扶助論」・「児童福祉論」・「老人福祉論」などの分野部門10単位以上，「ソーシャル・ケースワーク」・「ソーシャル・グループワーク」などの方法技術部門14単位以上，「医学知識」・「精神衛生」・「発達心理学」などの関連部門（関連科目）から構成されていた。

　第二の段階は，わが国の社会的・政治的・経済的変化にともない，工業化・都市化・核家族化・少子高齢化に代表されるような国民生活の変化による，社会福祉に対するニーズ変化，つまり，ニーズの多様化・普遍化を背景にもつものであり，それへの対応として社会福祉政策は，高齢者・障害者・児童等の施設を拡充する方向をとった。その発端が1971年の「社会福祉施設緊急整備五ヵ年計画」である。これにより当然のことながら福祉施設において従事する職員の確保が課題となり，これまでの福祉事務所での社会福祉主事養成とは異なり，教育現場も新たな教育展開を志向しなければならなかった。

　1976年に意見具申された中央社会福祉審議会による「社会福祉教育のあり方について」では，社会福祉施設の量的拡大と機能分化により，高度の専門知識と処遇技術を身につけた新しいタイプの基幹職員の養成が喫緊の課題となっていることをふまえ，

　①社会福祉に関する高度の知識及び技術
　②対象者の処遇に関する実務能力及び関係職員に対する実務指導能力

表V-2 社会福祉教育カリキュラム基準(木田,1967を参照し,筆者が作成)[8]

○印は必修科目

専門科目	1 専攻科目	(1) 基準部門 (24単位以上)	○社会福祉概論 ○社会福祉発達史 ○社会福祉法制 ○社会保障概論 ○演習	社会問題 生活構造論 人格発達論	
		(2) 分野部門 (10単位以上)	○公的扶助論 ○児童福祉論 家庭福祉論 保育理論 養護理論 老人福祉論 身体障害者福祉論	精神障害者福祉論 リハビリテーション論 医療社会事業論 精神医学的社会事業論 更生保護論 産業福祉論 地域福祉論	
		(3) 方法技術部門 (14単位以上)	○ソーシャル・ケースワーク ○ソーシャル・グループワーク ○コミュニティ・オーガニゼーション ○社会福祉調査法	社会福祉管理論 社会福祉行政論 社会福祉調査実習 社会統計法	
		(4) 社会福祉実習(4単位以上必修)			
	2 関連科目	(5) 関連部門	医学知識 発達心理学 臨床心理学 家族社会学 産業社会学 家族法 社会教育学 労働問題 協同組合論 国家論 など	精神衛生 児童心理学 心理検査法 都市社会学 犯罪社会学 児童文化論 社会思想史 社会政策 行政論	公衆衛生学 社会心理学 カウンセリング 農村社会学 社会病理学 文化人類学 社会倫理学 人事管理 財政論

　③施設の経営管理に関する知識及び実務能力の付与
に重点をおいた社会福祉教育のあり方,実習の強化を含む養成カリキュラムの編成を強調した。この意見具申は,当時の厚生省・社会福祉教育問題検討委員会による答申「社会福祉教育のあり方について」に対しておこなわれたものだが,この答申では「新しいタイプ」の社会福祉施設職員として,「生活訓練指導員」と「保護指導員」を提示しており,前者はソーシャルワーカーを,後者はケアワーカーをイメージさせ,それぞれ国家資格化後の「社会福祉士」と「介護福祉士」に該当しているが,どちらも居住・入所型の施設職員を想定しており,包括的に社会福祉分野のソーシャルワーカーを考慮したものではなかった。

周知のように過去において，幾度かにわたり，社会福祉関連専門職の国家資格化への動きがあったものの実現せず，
　　①類をみない高齢社会への突入
　　②利用者が抱える複雑な生活課題への専門的対応
　　③利用者の自立支援への視点
　　④施設福祉中心から地域・在宅福祉への移行
などを背景にして，それら諸課題に対応していくための専門職制度の確立として，1980年代後半以降，社会福祉士（1987）・介護福祉士（1987）・精神保健福祉士（1997）が相次いで国家資格化された。これにともない教育現場の状況が一変することになる。この状況変化について社会福祉士の場合に限定してみても，国家試験受験資格取得のための13科目（あるいは社会福祉援助技術を，援助技術論・援助技術演習・現場実習指導・現場実習としている16科目）への対応，つまり各養成機関の既存カリキュラムの中にそれらの科目を網羅的に配置すること，旧厚生省から示されたシラバスとの整合を図ること，教育内容・方法の再点検，教科担当教員の配置，現場実習における実習施設確保などをめぐり相当の混乱が生じた。これが社会福祉専門教育変遷の第三の段階である。

　「社会福祉士及び介護福祉士法」成立に前後して，1985年には，日本社会事業学校連盟が加盟校への実態調査をふまえ，「社会福祉専門職員養成基準」を示している。養成と就職の結びつきを意識し，実践科学として実技・実習を重視した学部レベルの共通の社会福祉教育カリキュラムとして位置づけられたものだが，表V-3にあるように，専門教育科目を，「基本領域」・「方法・技術」・「分野」・「実習・演習」の各部門から構成させ，必要単位数，科目名の例示などをおこなっている。しかしながら現実には，各養成校において，国家試験受験資格取得のための指定科目を配置することに主眼がおかれ，腰を据えた議論・検討がなされないまま盲進しているようにも思われる。そのひとつの結果は，教科担当可能な教員の強引な確保と異動の増加が見られる中での，養成校の異常ともいえる増加が物語っている。結局のところ，この20余年の経過の中で，社会福祉・ソーシャルワークをめぐる大きな環境の変化にともない，社会福祉の専門支援者養成全般にわたる積極的な見直し・再構築の機会が必然

表V-3　社会福祉専門職員養成基準
(日本社会事業学校連盟『社会福祉専門職養成基準』をもとに筆者が作成)

	部門	内　容	科目例示
専門教育科目	基本領域部門 (4科目 16単位必修)	(1) 全教科・全教育のベースとなるもので、方法・技術・分野などの他部門に進むための基礎となるもの。 (2) すべての福祉系の学校種類、レベルにかかわらず必要な核となる教科。 (3) 最低限の必修科目として必要なもの。	社会福祉原論 (発達史を含む) 社会福祉制度政策論 社会福祉実践技術原論 社会福祉調査論
	方法・技術部門 (最低5科目 20単位以上)	(1) 基本領域における制度政策論および実践技術原論を、より深めるための方法・技術の各論。 (2) 各実践分野にわたっての直接処遇・組織・地域・行政政策などに関する方法・技術の各論。	対人援助技術 地域組織方法 社会福祉計画 社会福祉組織運営 社会福祉調査技術
	分野部門 (3科目12単位 以上)	(1) 基本領域、および方法・技術部門の教科を、対象理解を通じて、具体的な実践分野において理解する。 (2) 社会福祉全分野および関連分野の対象・制度・実践の総合的アプローチ。	家族福祉論　　公的扶助論 児童福祉論　　医療福祉論 老人福祉論　　婦人福祉論 障害福祉論　　司法福祉論 地域福祉論　　保健福祉論

	部門	内　容	科　目　例　示
専門教育科目	社会福祉実習・演習部門	(1) 個別指導を伴う実践の体験学習。 (1) 実習は、準備教育、配属実習、スーパービジョン、評価を含む。	(1) 社会福祉施設・機関・団体において、実習指導者の指導の下に、通算3週間以上の対人サービスに関するフィールドワークを実施する科目、又は、フィールドにおける社会福祉調査を実施する科目のみを、「社会福祉実習」とみなす。 (2) この「社会福祉実習」では配属実習を含まない学内での視聴覚教育、講演等の授業は社会福祉実習とは呼称しない。 (3) 但し、配属実習を含む社会福祉実習教育課程において事前学習としての視聴覚教育、講演・訪問学習・現場体験学習等は「社会福祉実習」科目として呼称し実習単位の一部とみなす。 (4) 「社会福祉実習」は、配属実習3週間と、実習前教育と実習後教育を含む通年のクラスワークを合わせて6単位必修とする。 (5) 社会福祉に関する演習・事例研究については、2単位必修とする。

的に到来してきているわけである。これが現在の第四の段階ということになる。

　20世紀末からの社会福祉のパラダイム転換により，政策転換が推進され，制度・サービスの再構築がおこなわれているが，それを利用者サイドの視点からみるならば，自立支援・利用者主体・自己決定といった基本視点で改革が実行されているといえる。言いふるされたことではあるが，制度・政策の充実がすぐさま利用者の自立した生活を保障するわけではない。そこには制度・サービスの活用をめぐって，個々の生活状況に焦点化された専門的な支援活動の展開，つまりソーシャルワーク実践の介在が不可欠である。

　実際のところ，1999年3月10日には，「福祉専門職の教育課程等に関する検討会報告書」(旧厚生省・福祉専門職の教育課程等に関する検討会) が公表され，社会福祉士・介護福祉士・社会福祉主事の教育課程・養成をめぐる課題が提起された。直ちにそれは養成校のカリキュラムに反映され，特に社会福祉士について触れれば，「社会福祉援助技術論」をめぐって，人権の尊重，自立支援等の理念に具体的に対応できるように，演習授業での事例活用の強化が求められ，支援の過程で的確な対応ができるよう，支援対象の理解を深めるためのコミュニケーションおよび人との接し方についての内容強化，在宅における生活全体への支援をおこなうための内容強化，相談援助の実際の理解を深めるための実習教育の内容強化がはかられ，各教科の構成・時間数が見直された。これを一言で言い換えるならば，新たな福祉的諸課題に対応できるソーシャルワーカー養成への転換，つまりソーシャルワーク実践教育への転換へと踏み出したといえるのである。その後もこの流れに呼応するかのようにソーシャルワーカー養成教育をめぐって，日本社会事業学校連盟や社団法人日本社会福祉士養成校協会，また各専門職団体による検討が積み重ねられ，その成果として報告書や書物が公刊されてきている[9]。

　以上のような課題への認識，またそれへの動向をふまえ，ソーシャルワーク実践教育を包括・統合的に組み立て，構築していくことが急務であるという思いを強くし，そこに昨今のソーシャルワーク実践理論をめぐる基本的潮流である包括・統合ソーシャルワークの発想・視野・視点を導入し，今後の教育展開の課題を探ろうというのが本研究の一大目的であるといえる。

2　ソーシャルワーク実践教育の課題

　前節において，第二次世界大戦後のわが国におけるソーシャルワーク実践教育の変遷を見てきたが，本節では現状をふまえ，今後の課題について整理をしておきたい。

(1) 専門支援者養成への焦点化

　周知のように，いわゆる社会福祉系大学および養成校はこの数年の間に「雨後の竹の子」のように増加してきた。日本社会事業学校連盟への加盟校は，2002年10月現在，正会員校・賛助会員校である大学・短期大学・専修学校は176校になった。これらの養成校は社会福祉士の養成課程を標準的に整備しているが，社会福祉系大学に限定して考えても，「養成学校ではないという古典的な大学像と，他方で『社会福祉士受験資格付与』という養成校像との間で引き裂かれている[10]」状況は否めないであろう。筆者は社会福祉系大学の使命と責任は，単に国家資格受験資格付与にとどまるものではなく，社会福祉領域での専門支援者として，価値（実践倫理）・人と環境への知識・方策への知識・支援方法を身につけた，種々の課題を抱えた社会福祉現場において活躍しうるソーシャルワーカーを養成することだと考えているが，現実の状況を冷静に眺めてみるならば，教育内容・教育方法・具体的展開，あるいは学生の学習動機・方針・将来展望等から判断して，国家資格受験資格取得への道に強く誘導されている感は否定できないところである。

　そこで，専門支援者としてのソーシャルワーカーの養成に焦点化された，ソーシャルワーク実践教育を展開していく上での今後の課題について，整理するならば，

　①「ソフト福祉」としてのソーシャルワーク支援展開にとって，「利用者の自己決定過程を保障した上での，自立した生活構築への支援」，「利用者の自己実現への支援」の遂行が一大焦点となっている。

　②それは，「ハード福祉」を実践的に統合化する発想・視野・視点をもった包括・統合的なソーシャルワーク理論（General Social Work Theory）を展開することにより実現する。

③ソーシャルワーク実践教育にとってそのことは，包括・統合的なソーシャルワーク理論をベースにして，教育目標・教育焦点，そこから導き出される教育内容・教育方法を明確化し，カリキュラム構成を再検討・再構築する必要性を意味している。
④具体的には，講義・演習・実習の連関を念頭に，価値（実践倫理を含む）・人と環境に対する知識・方策に対する知識・支援方法，各々について理解を深め，習得していくためのトレーニング方法を含めた教授方法を整理し，効果的な教材・ツールを準備しなければならない。
⑤つまり，マスプロ教育によらない，教育方法の刷新が強く求められている。
⑥結果としてこれらの課題への取り組みは，充分な専門性・実践能力を備えたソーシャルワーカーの養成を可能にするとともに，ソーシャルワーク・アイデンティティの再構築につながる。

これらの課題への取り組みはこれまでも継続的に展開されてきたところではあるが，一大学・一養成校単位での努力には限界が生じ，今後はより一層の組織的取り組みが必要であり，日本社会福祉教育学校連盟や日本社会福祉士養成校協会といった養成教育側と，日本社会福祉士会や日本精神保健福祉士協会といった専門職団体との協働体制，教育現場と実践現場の連携体制が極めて重要であることはいうまでもない。

(2) 理論と実践，講義・演習・実習の結びつき

上述したように，専門支援者養成へと焦点化した教育展開，すなわちソーシャルワーク実践教育をいかに展開していくのか，それを現状の平均的社会福祉系大学の使命・責任と考えるならば，繰り返しになるが，社会福祉士や精神保健福祉士の国家試験受験資格指定科目を網羅的に配置し，厚生労働省が示しているシラバスに準拠する教育内容を展開するだけではなく，講義・演習・実習の連関を確実に意図した教育展開が不可欠である。そのためには，教育目標・教育焦点・教育内容の明確化，担当する教員間のすり合わせ・共有化，配当する学年次の検討，統一した教材・ツールの使用等の整理・検討も充分になされなければならない。

また次のような指摘もある。米本は，ソーシャルワークのアイデンティティが脅かされる様々な状況を指摘した上で，以下のように述べている。「果たして社会福祉関連学科がその教育目標を明確に『ソーシャルワーカー養成・実践家養成』として掲げることができるかという問題である。実践家養成という目標を明確化し，それを真に希求するならば，学の体系の性質をいわゆる『実験系』として位置づける必要があるということである。そこでは理論→演習→実習といったシステムを確立すると共に，演習・実習系の少人数化と時間増，そこに必要とされる人的配置・教育空間・機材を整備することが要求されることになる。恐らくこの切り替えと各種整備が意図的・計画的に行われなければ，最終的にソーシャルワーク実践の専門家養成は成功しないと考えられる[11]」。確かに，昨今は演習教育・実習教育の重要性を再認識し，その効果的展開についての報告や書物の公刊が種々見られるが[12]，平均的状況は，講義教育による理論・方法論の伝達との関連性や，少人数化とは逆行した様相を呈しているのではないだろうか。米本の指摘する「切り替えと整備」が直ちに実現する状況にあると楽観視することは到底できないが，専門支援者養成への焦点化，ソーシャルワーク実践教育の展開を目指そうとする以上，計画的・継続的に検討していかなければならないと思われる。特に，理論と実践，養成教育と臨床実践，講義と現場実習の架け橋となるであろう，支援スキル・トレーニングとしての演習教育の展開については，より一層の検討が加えなければならない一大課題がある。

3　精神保健ソーシャルワーカー養成教育の変遷と課題

　米国において精神保健ソーシャルワーカーが実践をおこなったその起源は，20世紀初頭，ボストンにあるマサチューセッツ総合病院での，キャボット医師とソーシャルワーカー・キャノンの実践にもとめられるが，わが国においては，第二次世界大戦後の1948年，国立国府台病院に「社会事業婦」が配置されたことにはじまる。

　今節では，わが国における精神保健ソーシャルワーカー養成教育の課題を中心に言及を試みることに目的があるため詳細についてふれることは避けたい

が，ソーシャルワーク実践教育について，米国においては，1898年，ニューヨークCOSの夏期訓練コースにその起源が認められ，1904年，「ニューヨーク博愛学校」の設立により，1年間の組織的な教育課程が設置され，その動きは他の大都市に波及し，1919年には，14校により「アメリカソーシャルワーク学校連盟」が設立されることになる[13]。この時期は米国において精神保健ソーシャルワーク実践が導入さた時期に重なるが，精神保健ソーシャルワーカーへの教育がどのように展開されていたかを詳細に論及するだけの資料がなく，想像の域を脱しないが，現任者訓練を中心に，やはりその当時，強烈な影響力を誇っていた精神分析を中心とした精神医学的知識・方法の習得に力点がおかれていたのではないだろうか[14]。

ところで，わが国における精神保健ソーシャルワーカーの教育の変遷についても，その詳細について，詳細に分析し論及するのは難しいが，ソーシャルワーク実践教育の萌芽は，米国とその時期を同じくし，1901年，留岡幸助による「慈善事業師範学校」の設立や，1908年，内務省地方局による「感化救済事業講習会」の開始にみられるのではないかと思われる[15]。さらに第二次世界大戦後，精神保健ソーシャルワーカーの配置，その実践が導入されるが，これは米国の力動精神医学の影響を強く受けた医師の発案によるものであり，チームの一員として，現任者に対する精神医学的な知識の伝達が中心におこなわれたのではないだろうか。

その後，1955年に日本社会事業学校連盟が設立され，1966年には，「社会福祉教育カリキュラム基準」が公表されるが（表V-2），専攻科目の「分野部門」として，「精神医学的社会事業論」，「精神障害者福祉論」，「医療社会事業論」が例示されており，各大学においては，ソーシャルワーク実践展開の一分野としての「医療ソーシャルワーク」のスペシフィックな領域として，実習教育も含め，「精神科ソーシャルワーク」あるいは「精神医学ソーシャルワーク」の教育が展開されていたと考えられる。また，1985年のいわゆる「養成ガイドライン」の例示科目には（表V-3），「保健福祉論」，「医療福祉論」があげられている。その当時の状況について大野の記述によれば[16]，

「……社会福祉教育の中で精神保健教育がどのように行われているのでしょうか。最近まで，このことは，ほとんど把握されていませんでした……

V——ソーシャルワーク実践教育の変遷と課題

(後略)」

「……昭和62年に医療福祉教育関係者会議が開かれ,教育の現状把握と交流を開始し,徐々に様子がわかってきたというのが実状です。……(後略)」

であり,1987年当時,日本社会事業学校連盟加盟校は,大学36校,短期大学12校の計49校であり,「医療福祉論」を開講しているところが16校,「医療社会事業論」が10校,ほかに「医療ソーシャルワーク」,「保健福祉論」,「精神医学ソーシャルワーク」があり,合計で34校であったこと,医療福祉を内容とする演習を開講している大学が15校,これらの科目を開設している大学のほとんどで,関連する実習をおこなっていることが報告されている。以上のことからも,大学における精神保健ソーシャルワーカーの養成は,医療ソーシャルワーク実践のスペシフィック領域として取り扱われ,その教育が展開されてきたと推察される[17]。しかし,これらの状況は,その後の国家資格制度化により,一変することになる。

一方で,現任者への教育・研修が,1965年に設立された日本精神医学ソーシャルワーカー協会(現:日本精神保健福祉士協会)の主催による初任者あるいは中堅者への研修,また1963年より実施されている国立精神・神経センター精神保健研究所の「社会福祉学課程研修」や日本精神科病院協会主催の「PSW部門研修」が継続的におこなわれてきている。

(1) 精神保健福祉士法の成立

1987年,「社会福祉士および介護福祉士法」が制定され,ソーシャルワーカーの国家資格化がはかられた。これによりこれまでの大学におけるソーシャルワーク実践教育が一変することになる。社会福祉士の国家試験受験資格取得のための13科目(あるいは社会福祉援助技術を,援助技術論・援助技術演習・現場実習指導・現場実習としている16科目)への対応,つまり各養成機関の既存カリキュラムの中にそれらの科目を網羅的に配置すること,旧厚生省から示されたシラバスとの整合をはかること,教育内容・方法の再点検,教科担当教員の配置,現場実習における実習施設確保などをめぐり相当の混乱が生じた。

精神保健ソーシャルワーカー養成教育との関連で言えば,社会福祉士指定科

目の社会福祉現場実習の指定施設として，精神科医療・精神保健福祉現場の病院・施設・機関（医療ソーシャルワーカーの実践現場である医療施設も同じく）が適用外とされ，精神保健ソーシャルワーカーを志す学生にとって，精神保健福祉フィールドでの実習は「自主実習」でおこなうことを余儀なくされた。

その後，過去に「医療福祉士法案」が検討された経緯，幾度かの国会による付帯決議，1992年「障害者基本法」，1995年「精神保健及び精神障害者の福祉に関する法律」への改正といった政策動向，人権擁護やコンシューマ活動の高まりといった機運，厚生科学研究の積み重ね，職能団体間の意見相違等々，様々な要因が陰に陽に影響し紆余曲折を見たが，精神科医師や何よりも当事者や家族の強い意見もあり，1997年12月12日，参議院本会議において「精神保健福祉士法」が可決成立し，精神保健ソーシャルワーカーの国家資格化が実現した。

「精神保健福祉士法」第2条において，精神保健福祉士は，「……精神障害者の保健及び福祉に関する専門的知識及び技術をもって，精神病院その他の医療施設において精神障害の医療を受け，又は精神障害者の社会復帰の促進を図ることを目的とする施設を利用している者の社会復帰に関する相談に応じ，助言，指導，日常生活への適応のために必要な訓練その他の援助を行うこと（「相談援助」）を業とする者」と定義された。第二次世界大戦後より活動を続けてきた精神保健ソーシャルワーカーの業務が一定の評価を受け，精神保健福祉の新しい時代に，医療現場に福祉職を位置づけ，医療と福祉にまたがる領域で，精神障害者の生活支援に取り組むマンパワーとしての役割が期待されての資格であった。

この国家資格化に応じ，国家試験の内容・方法，また養成課程，その際の指定科目（「精神障害者の保健及び福祉に関する科目」等）が規定されたが，表V-4はその指定科目の一覧である。

精神保健福祉士の中心的支援対象が，精神疾患を患い，精神に障害を抱えた利用者であること，また活動領域が精神科医療・精神保健福祉領域であることを考えた場合，精神疾患や精神科リハビリテーション等の医学・リハビリテーション・保健の知識・技術習得のために，「精神医学」，「精神保健学」，「精神科リハビリテーション学」，「医学一般」の科目が配置され，精神保健福祉士が

表V-4　精神障害者の保健及び福祉に関する科目

一	精神医学
二	精神保健学
三	精神科リハビリテーション学
四	精神保健福祉論
五	社会福祉原論
六	社会保障論，公的扶助論，地域福祉論のうち一科目
七	精神保健福祉援助技術総論
八	精神保健福祉援助技術各論
九	精神保健福祉援助演習
十	精神保健福祉援助技術実習
十一	医学一般
十二	心理学，社会学，法学のうち一科目

　社会福祉学，ソーシャルワーク理論を基盤としたソーシャルワーカーであると考えた場合に，社会福祉士の指定科目でもある「社会福祉原論」や「社会保障論」，「公的扶助論」といった社会福祉の基盤となる科目や人間や環境を考える際の基礎となる「心理学」や「社会学」が指定された。

　結局のところ，指定科目から判断できる精神保健福祉士は，社会福祉学・ソーシャルワーク理論を基盤にしたソーシャルワーカーであり，その活動が，精神障害者を対象とし，精神科医療・精神保健福祉領域で展開されるスペシフィック・ソーシャルワーカーであると解することができる。そのための中心的科目として，「精神保健福祉論」・「精神保健福祉援助技術総論」・「精神保健福祉援助技術各論」・「精神保健福祉援助演習」・「精神保健福祉援助実習」の五科目（以下，この五科目を「主要五科目」とよぶ）が規定されている。表V-5から表V-9は，主要五科目についての，厚生省令により示された「精神保健福祉士養成施設等における授業科目の目標及び内容について」（厚生省障第91号）を表したものである。

　この科目の目標及び内容から，科目の内容及び名称等について若干の指摘をしておきたいが，

　　①「精神保健福祉論」（表V-5）については，1992年の「障害者基本法」以降の流れに沿い，障害者の基本理念，また，昨今の一大課題である精

表V-5 「精神保健福祉論」の目標及び内容

精神保健福祉論	
目的	1 障害者福祉の理念と意義及び障害者基本法等全ての障害者に共通の福祉施策の概要について理解させる。 2 精神障害者の人権について理解させる。 3 精神保健福祉士の理念，意義，対象について理解させる。 4 精神障害者に対する相談援助活動等を理解させる。 5 精神保健福祉法，精神保健福祉士法等精神障害者に関する法律の意義と内容を理解させる。 6 精神保健福祉施策の概要について理解させる。 7 精神保健福祉の関連施策について理解させる。
内容	**1 障害者福祉の理念と意義** 　1) 障害者福祉の理念 　　① 障害者福祉の発達　　　② ノーマライゼーション 　　③ リハビリテーション　　④ 生活の質（QOL） 　　⑤ 生活支援 　2) 障害及び障害者 　　① 障害の概念　　　　　　② 障害分類（国際障害分類を含む） 　　③ 精神障害の特性 　3) 障害者福祉の基本施策 　　① 障害者基本法　　　　　② 障害者プラン 　4) 現代社会と精神障害者 　　① 精神障害者の概念　　　② 精神障害者と家族 　　③ 精神障害者と地域社会　④ 精神障害者のノーマライゼーション **2 精神障害者の人権** 　1) 精神障害者の権利擁護　　2) 精神医療における権利擁護 　3) インフォームドコンセント　4) 地域社会における精神障害者の人権 **3 精神保健福祉士の理念と意義** 　1) 精神保健福祉の歴史と理念　2) 精神保健福祉士の意義 　3) 精神保健福祉士の対象　　4) 精神保健福祉士の専門性と倫理 **4 精神障害者に対する相談援助活動** 　1) 精神障害者を取りまく社会的障壁（バリアー） 　2) 精神障害者の主体性の尊重 　3) 相談援助活動の方法 　　① 医療施設における相談援助活動 　　② 社会復帰施設等における相談援助活動 　　③ 地域社会における相談援助活動 **5 精神保健福祉法，精神保健福祉士法等精神障害者に関する法律** 　1) 精神保健福祉法の意義と内容　2) 精神保健福祉士法の意義と内容 　3) 関連法について **6 精神保健福祉施策の概要** 　1) 精神保健福祉に関する行政組織 　2) 精神保健福祉に係る公的負担制度（公費負担医療等） 　3) 精神保健福祉施策の課題 　　① 精神障害者福祉対策　　② 社会復帰対策 　4) 精神保健福祉における社会資源 　　① 精神障害者保健福祉に関わる専門職との連携　② 社会資源 **7 精神保健福祉の関連施策** 　1) 雇用・就業（障害者雇用促進法等の概要を含む）　2) 所得保障 　3) 経済負担の軽減　　　　　4) 生活環境の改善

V──ソーシャルワーク実践教育の変遷と課題

神障害者の人権について、さらに精神保健福祉士の理念や意義、精神保健福祉法を中心とした制度・政策についての内容をカバーすることになっている。言い換えるならば、従来の「身体障害者福祉論」や「知的障害者福祉論」と同様に、「精神障害者福祉論」の意味をもっている。

② 「精神保健福祉援助技術総論」（表Ⅴ-6）・「精神保健福祉援助技術各論」（表Ⅴ-7）であるが、「総論」は、「精神障害者を中心とした……」支援活動を念頭においているといいながら、ソーシャルワーク実践（社会福祉援助活動）の価値・理念・視点・内容・方法等について、包括的に教授する内容であり「ソーシャルワーク論」の意味をもち、

表Ⅴ-6 「精神保健福祉援助技術総論」の目標及び内容

	精神保健福祉援助技術総論
目的	1 精神障害者を中心とした社会福祉サービスと援助活動について理解させる。 2 精神障害者を中心とした社会福祉援助活動の目的・価値等を具体的事例に基づいて理解させる。 3 社会福祉援助活動における専門的援助技術の体系について理解させる。 4 精神保健福祉士と専門援助技術について理解させる。
内容	**1 精神障害者を中心とした社会福祉サービスと援助活動** 　1）援助の適用と対象 　2）社会福祉サービスと援助活動 **2 精神障害者を中心とした社会福祉援助活動の目的・価値・原則** 　及び諸過程と共通課題 　1）社会福祉援助活動の目的と価値 　2）社会福祉援助活動の原則 　3）社会福祉援助活動の方法と過程　①医学モデル　②生活モデル 　4）社会福祉援助活動の共通課題 　　①契約・介入・課題の意義と方法　②面接の意義と方法 　　③記録の意義と方法　　　　　　④評価の意義と方法 　　⑤スーパービジョンの意義と方法　⑥自助グループ及びボランティアとの協力 　　⑦ケアマネジメントの意義と方法 **3 専門的援助技術の体系** 　1）直接援助技術の内容と機能 　　①個別援助技術（ケースワーク）　②集団援助技術（グループワーク） 　2）間接援助技術の内容と機能 　　①地域援助技術（コミュニティワーク）②社会福祉調査法（ソーシャルワーク・リサーチ） 　　③社会福祉運営管理（ソーシャル・アドミニストレーション）　④社会計画（ソーシャル・プランニング） 　　⑤その他（ソーシャル・アクション、患者権利擁護、エンパワーメント） **4 精神保健福祉士と専門的援助技術** 　1）チームアプローチと専門援助技術 　2）生活支援と専門的援助技術

表V-7 「精神保健福祉援助技術各論」の目標及び内容

精神保健福祉援助技術各論	
目的	1　精神障害者の疾病及び障害に配慮した個別援助技術（ケースワーク）について具体的事例に基づき理解させる。 2　精神障害者の疾病及び障害に配慮した集団援助技術（グループワーク）について具体的事例に基づき理解させる。 3　精神障害者ケアマネジメントについて具体的事例に基づき理解させる。 4　精神障害者を対象とした地域援助技術（コミュニティワーク）について具体的事例に基づき理解させる。 5　精神障害者を対象とした援助技術について具体的事例に基づき理解させる。
内容	1　**精神障害者を対象とした個別援助技術（ケースワーク）** 　1）疾病及び障害に配慮した個別援助技術 　2）個別援助技術の実際と適用分野 　3）個別援助技術におけるスーパービジョン 　4）具体的事例検討 2　**精神障害者を対象とした集団援助技術（グループワーク）** 　1）疾病及び障害に配慮した集団援助技術 　2）集団援助技術の実際と適用分野（生活技能訓練を含む） 　3）集団援助技術におけるスーパービジョン 　4）具体的事例 3　**精神障害者を対象とした地域援助技術（コミュニティワーク）** 　1）地域援助技術の概念と基本的性格 　2）地域援助技術の具体的展開 　　①ノーマライゼーションの推進と住民参加　　②社会資源の活用と開発 　　③地域社会における連携と調整機能　　　　④家族会，自助グループの支援 　　⑤ボランティア等地域マンパワーの育成と活用　⑥地域援助 　3）具体的事例検討 4　**精神障害者のケアマネジメント** 　1）ケアマネジメントの原則　①ケアマネジメント　②適用と対象　③人権への配慮 　2）ケアマネジメントの意義と留意点 　　①ケアマネジメントの意義と留意点　　②関係機関との連携 　3）ケアマネジメントのプロセス 　　①受理面接（インテーク）　　　　　　②ニーズの把握とその評価 　　③目標設定と計画的実施　　　　　　　④包括的サービスの実現 　4）チームケアとチームワーク 　5）具体的事例検討 5　**精神障害者援助と関連専門職種との連携** 　1）チーム医療における精神保健福祉士の役割 　2）専門職等の役割と機能 　3）チームアプローチ及び生活支援の理念と精神保健福祉士の役割 　4）協力・連携による包括的保健・医療・福祉サービス

V──ソーシャルワーク実践教育の変遷と課題

表V-8 「精神保健福祉援助演習」の目標及び内容

	精神保健福祉援助演習
目的	1　精神保健福祉士の専門的援助技術及びリハビリテーション技法について，実技指導を中心とする演習形態により具体的事例を取り上げ，個別指導及び集団指導を通してその精度を高めつつ習得させる。 2　学生自身が自分自身で学習し，考え，主体的に行動する態度を養成する。
内容	精神障害者に対する援助技術及びリハビリテーション技法が学生個々人に身につくよう，精神障害者の社会復帰に対する援助事例を取り上げるなどして，担当教員による個別指導並びに集団指導の下で，学生自身が積極的に報告し論議しあう形で事例研究およびロールプレイ等を行う。その際，次の点に留意すること。 　1　実習前においては，少なくとも精神病院等保健・医療施設及び社会復帰施設等福祉施設における精神障害者援助技術のモデル的な事例を取り上げ，講義の内容を深め，実習の教育効果が上がるようにする。 　2　演習を通して援助関係の実際及びチーム医療の実践を身につけるようにする。 　3　実技指導等 　　1) 面接実技指導　　2) 記録実技指導 　　3) 集団実技指導　　4) 評価・効果測定実技指導 　4　精神保健福祉士としての，職業倫理についての理解を身につけるようにする。 　5　実習後においては，実習総括をふまえて，精神障害者に対する援助技術及びリハビリテーション技法より深めて身につけさせるようにする。

表V-9 「精神保健福祉援助実習」の目標及び内容

	精神保健福祉援助実習
目的	1　現場体験を通して精神保健福祉士として必要な知識及び技術並びに関連知識の理解を深める。 2　精神保健福祉士として必要な知識及び技術並びに関連知識を実際に活用し，精神障害者に対する相談援助及びリハビリテーションについて必要な資質・能力・技術を習得する。 3　職業倫理を身につけ，専門職としての自覚に基づいた行動ができるようにする。 4　具体的な体験や援助活動を，専門的援助技術として概念化し理論化し体系だてていくことができる能力を涵養する。 5　関連分野の専門職種との連携のあり方を理解する。
内容	精神病院等保健・医療施設及び社会復帰施設等福祉施設における精神障害者援助実習には，精神障害者のプライバシーに十分配慮しつつ，下記の内容を必ず含めることとする。但し，4は必要に応じて行うこととする。 　1　実習オリエンテーション 　2　視聴覚学習 　3　現場体験学習 　4　見学実習（急性期病棟など） 　5　専門援助技術実習指導 　6　リハビリテーション実習指導 　7　配属実習 　8　全体総括

③一方「各論」は,「伝統的三方法」を中心に,昨今の支援動向では不可欠となっている「精神障害者ケアマネジメント」と「チームアプローチ」についての内容であり,精神保健福祉フィールドにおける「ソーシャルワーク方法論」と解することができる。

④「精神保健福祉援助演習」(表V-8)及び「精神保健福祉援助実習」(表V-9)は,「社会福祉援助技術演習」や「社会福祉援助技術現場実習」を下敷きとしながら,精神保健福祉士が,精神科病院や社会復帰施設を中心のフィールドとし,助言・指導・訓練といった「相談援助」を展開する性格上,精神科リハビリテーションの内容・方法も加えて,

⑤「演習」においては,演習形態により具体的事例をとり上げながら,精神科ソーシャルワーク実践の価値・知識を確認しつつ,方法の習得を目指すものとなっており,

⑥その上で「実習」においては,精神科病院等の保健・医療施設と社会復帰施設等の福祉施設における現場体験を通じて,包括・統合的に,実践の価値・知識・方策・方法の実際の理解・確認・習得を目指す内容となっている。

この国家資格化以降,「社会福祉士」や「介護福祉士」の国家資格化時と同様に,「精神保健福祉士国家試験受験資格」取得の要件を整備した大学や養成校が増加傾向の一途を辿っている現状は明らかである。社会福祉士養成を基盤にしたカリキュラムへの「上乗せ」・「横出し」による整備,実習施設の不足と確保,担当可能教員の不足と精神保健福祉士現任者の教員への採用,テキスト類の公刊等々が急激に進められ,実践現場を巻き込みながら混乱が生じているのが現実であろう。

そこで本章の締めくくりとして,精神保健福祉士養成,精神保健ソーシャルワーカー養成教育が抱えている課題についてふれておくことにしたい。

柏木は,「社会福祉士及び介護福祉士法」成立後,精神保健ソーシャルワーカー国家資格化前の状況の中で,PSW教育の内容について言及しているが[18],その要点として,

①日本精神医学ソーシャルワーカー協会における検討で,精神保健ソーシャルワーカー養成に必須とされる科目は,「医学一般」,「公衆衛生」,

「医療法制」,「リハビリテーション」,「医療福祉論」であり,
②いわゆるジェネリックに関する社会福祉関連科目に,上記の科目を加える必要がある。
③とりわけ「医療福祉論」が必要であり,その内容として,医療福祉の課題,歴史的展開,保健・医療・福祉の統合の課題について,また,精神医療関係のテーマとして,「福祉的医療について」,「統計からみた精神障害」,「精神病者監護法から精神保健福祉法成立まで」,「地域における生活支援および自助集団の活動」,「インフォームド・コンセントの問題」など9点を取り上げる必要がある。
④精神保健ソーシャルワークについては,独立の講義科目とはせずに,「精神科ソーシャルワーク論」といった演習を用意する必要がある。

とまとめている。実際,国家資格化により示された指定科目の目標と内容には,柏木の指摘した内容が,ずいぶんと織り込まれていることがわかる。それらは主要五科目の中に,あるいは,精神保健福祉士の支援展開をより豊かに展開するための保健・医療科目として,また「医療福祉論」や「公衆衛生」等は,従来の福祉系大学の教科目には,選択科目として配置されている場合も少なくない。

しかしながら問題となるのは,科目が配置・用意されている,教科内容として盛り込まれているといったことでは事足りず,「体制」の整備とともに,いわば「質」が問われなければならない。その意味で次の荒田の指摘は現状を冷静に見つめた的を得たものであろう。

「……資格ができたばかりのため,養成機関の教育体制が十分に整備されているとはいいがたい。社会福祉の科目を医師が教えていることや,精神保健福祉の現場を知らなかったり,実習生に直接あったこともない指導教員が実習指導教育を担当している教育機関もある。養成機関の教育内容の標準化が緊急な課題である。そのためには,精神保健福祉士の養成に携わっている教育者の横断的な連携の可能な組織が必要であり,実践現場のPSWの全国組織である日本精神保健福祉士協会との綿密な話し合いにより,教育内容が現場に活かされるものにしなければならない。また,現場での実践の検証を積み重ね,社会福祉学を深化させていき,そのことが教

育に活かされていく必要がある[19]。」

そこで課題提起的に,これからの精神保健ソーシャルワーカー養成教育の課題についてまとめることにしたいが,

① これからの精神保健ソーシャルワーク実践にとって,「精神障害者の自己決定過程を保障した上での,自立した生活構築の支援」を,「参加と協働」の中で展開していくことが一大焦点である。

② それは,マクロ実践へのフィードバック過程も包摂した包括・統合的なソーシャルワーク理論・方法論を,展開することにより可能となる。

③ それ故,精神保健ソーシャルワーカー養成においては,包括・統合的なソーシャルワーク理論・方法論を理解し習得し,実践能力を有した専門支援者を養成していかなければならない。

④ そこで,教育目標・教育焦点・教育内容・教育方法について,再検討・再構築をし,さらに主要五科目・社会福祉関連科目・保健医療科目,また,講義科目・演習科目・実習科目の関連についての検討をおこない,「精神保健福祉士国家試験受験資格」取得に必要な「指定科目」を十分に意識しながらも,配当年次等,カリキュラム構成を検討しなければならない。

⑤ 特に主要五科目について,具体的展開方法・使用教材等について,詳細な検討が必要であり,その積み重ねを継続しなければならない。

⑥ 「精神保健福祉現場実習」については,実習現場,実習指導者である精神保健福祉士との連携を強化し,精神保健ソーシャルワーク実践の価値・知識・方策・方法が確認・習得できるような,内容・指導体制等を構築していかなければならない[20]。

⑦ 以上のような取り組みを通じ,精神保健ソーシャルワーカー(精神保健福祉士)の養成教育の標準化を目指すことが一大目標となり,またそのための議論が可能となる,横断的組織が必要である[21]。

どれをとっても一朝一夕には達成されない課題ではある。しかしながら一歩一歩解決していかなければならない課題であろう。本論は,これら課題解決を強く意識したチャレンジである。

V──ソーシャルワーク実践教育の変遷と課題

■注■

1) 一番ヶ瀬康子・小川利夫・大橋謙策編著（1990）『社会福祉の専門教育（シリーズ福祉教育6）』光生館
   一番ヶ瀬康子・大友信勝・日本社会事業学校連盟編（1998）『戦後社会福祉教育の五十年』ミネルヴァ書房
2) 川廷宗之（1998）「ソーシャルワーク教育の現状と課題」『ソーシャルワーク研究』24(2)　82頁
3) 田代国次郎（1985）「第1章　わが国におけるソーシャルワーカーの養成と社会福祉教育」大島侑編『社会福祉実習教育論』海声社　3-24頁　等を参照
4) 畠山龍郎（1997）「インデジネス─ソーシャルワーカー養成の土着化」『ソーシャルワーク研究』23(2)　97頁
5) 大橋の見解を参考に，筆者が整理したものである。
   大橋謙策（1998）「戦後社会福祉研究と社会福祉教育の視座」一番ヶ瀬康子・大友信勝・日本社会事業学校連盟編『戦後社会福祉教育の五十年』ミネルヴァ書房　26-48頁
   大橋謙策（2002）「第5章　戦後社会福祉におけるマンパワー対策と社会福祉教育の課題」三浦文夫・高橋紘士・田端光美ほか編『講座戦後社会福祉の総括と21世紀への展望　Ⅰ　政策と制度』ドメス出版　232-271頁
6) 拙論（2003）「ソーシャルワーク実践教育の課題」『人間福祉研究』（広島文教女子大学人間福祉学会）創刊号　48頁
7) 前掲　田代（1985）　14頁
8) 木田徹郎（1967）「社会事業教育」日本社会事業大学編『戦後日本の社会事業』勁草書房393-404頁
9) たとえばそれらは，
   ソーシャルケアサービス従事者養成・研修研究協議会（2002）『社会福祉系大学，専門学校，高等学校福祉科等におけるソーシャルワーク教育方法および教育教材の開発に関する研究報告書』
   社会福祉教育方法・教材開発研究会編集（2001）『新・社会福祉援助技術演習』中央法規出版　等があげられる。
10) 米本秀仁（1997）「社会福祉専門教育の課題─教育現場と福祉現場の連携」『社会福祉研究』69　69頁
11) 米本秀仁（2000）「ソーシャルワーク・アイデンティティの形成と社会福祉系大学の責任」『ソーシャルワーク研究』25(4)　341-346頁
12) たとえば，
    川村隆彦（2002）『価値と倫理を根底に置いたソーシャルワーク演習』中央法規出版
    川村隆彦（2003）『事例と演習を通して学ぶソーシャルワーク』中央法規出版　等は，演習教育を展開する上で，有効な方法として活用できるように思われる。
13) 伊藤淑子（1996）『社会福祉職発達史研究─米英日三ヶ国比較による検討』ドメス出版
    髙田真治（1986）『アメリカ社会福祉論─ソーシャル・ワークとパーソナル・ソーシャル・サービス』海声社　等を参照
14) 精神保健ソーシャルワーカーとして活躍したB. C. レイノルズは，1918年にスミス大学が開設した「夏期コース」を受講しているが，「……医学校におけるよりも多くの時間をとって力動精神医学についての学習が徹底的になされた……」ことが，小松により記述されている。
    小松源助（1993）『ソーシャルワーク理論の歴史と展開─先駆者に辿るその発達史』川島書店91-92頁
    また，米国のソーシャルワーク発展史上，精神分析を中心とした精神医学に強く傾倒したことにより，精神保健ソーシャルワークが劇的に発展したことと，その一方で，「偽精神科医」や「小さな

精神科医」と揶揄されたことは周知の事実であろう。
　　前掲　伊藤（1996）　101-105頁
15) 横山豊治（1998）「戦後社会福祉教育年表」一番ヶ瀬康子・大友信勝・日本社会事業学校連盟編『戦後社会福祉教育の五十年』ミネルヴァ書房　378頁　を参照
16) 大野勇夫（1990）「社会福祉専門職の養成と精神保健教育」吉川武彦・佐野光正編『精神保健教育のあり方　精神保健実践講座⑦』中央法規出版　233-242頁
17) 筆者は，精神保健ソーシャルワーカーを志し，1983年～1987年に学部教育を得たが，在籍した大学では，3年次・4年次に「類別科目」を選択し，興味・関心に応じ学習を積み重ねるが，選択した「医療問題」の類には，「医療ソーシャル・ワーク論」（通年4単位），「精神医学ソーシャル・ワーク論」（半期2単位）とともに，関連した「社会福祉購読演習」（通年2単位），「社会福祉演習」（通年2単位）と，「実習」があり，4週間の実習を精神科病院でおこなった。
永田勝彦（1992）「北星社会福祉のあゆみと課題（特別講演）」『北星福祉年報』（北星学園大学社会福祉学会）第8号　1-10頁　を参照
18) 柏木昭（1996）「PSWの専門性と教育」柏木昭編著『三訂　精神医学ソーシャルワーク』岩崎学術出版　52-61頁　を参照しまとめたものである。
19) 荒田寛（2002）「第3章　3　教育研修」柏木昭編著『新　精神医学ソーシャルワーク』岩崎学術出版　65頁
20) 筆者が以前所属していた「日本精神保健福祉士協会広島県支部」では，2000年より，ともに支部会員である現場の精神保健福祉士と大学教員が「実習対策部会」を組織し，実習の質確保と標準化を目指し，協働作業を展開している。これまでに「実習マニュアル（試案Ⅰ）」や県内統一した「実習評価表」などを作成し，その取り組みについての報告を継続的におこなっている。
中村和彦・富島喜揮ほか（2002）「精神保健福祉援助実習の質確保をめざした仕組み整備の取り組み」『精神保健福祉』33(3)　227頁　等を参照
21) (社)日本社会福祉士養成施設協議会にならい，「精神保健福祉士養成施設協議会」が2003年度に設立され，具体的取り組みがスタートしたところである。

VI エコシステム構想による ソーシャルワーク実践教育の具体的展開

1 エコシステム構想の教育場面での展開

　本章は，本研究の最重要部分として，これまで積み重ねてきた論究の実証部分であり，つまりここでは，エコシステム構想にもとづくソーシャルワーク実践をいかに教育展開していくかということに一大焦点がある。

　ソーシャルワーク実践には，その具体的成果を示すことへの社会的期待が向けられている。その成果とは，利用者が抱えている課題を解決し，生活を改善・再建し，維持・向上させ，究極的には，自己実現を達成することにある。換言すれば，利用者の生活への支援という焦点をもったソーシャルワーク実践に対し，その真価が厳しく問われているといえる。そのためにはまず，これまで積み重ねられてきた理論研究を振り返り，昨今の内外の動向をふまえた上で，固有な発想・視野・視点であるエコシステム視座にもとづく，「ジェネラル・ソーシャルワーク」という包括・統合的なソーシャルワーク理論が必要である。

　さらに，ソーシャルワーク実践の科学的でかつ専門的な研究は，支援過程考察の深化から得られるという認識から，包括・統合ソーシャルワークをいかに実践概念化するのか，理論を具体的に展開できる方法として構想することが不可欠な課題であった。「理論のための理論」，「研究のための研究」，「机上の空論」といった，使い古された問題設定から脱却するために，理論と方法，研究と実践の架け橋となる概念と方法が「エコシステム構想」である。エコシステム構想は，生活課題を抱えた利用者が，ソーシャルワーカーと支援関係を結ぶ，参加と協働による支援展開に，コンピュータ科学を活用した支援ツールを導入し，個々別々で，複雑多様な生活状況を，情報として整理し，ビジュアル化に

より把握を容易にし，また，シミュレーション・プログラムにより，支援過程での変容状況への理解を推し進めようというアイディアである。これにより，利用者の生活支援というソーシャルワーク実践を科学的に展開するという一大課題の達成へ大きく前進することができる。

ところで，ソーシャルワーク実践は利用者中心という支援原理にもとづき，生活課題の解決，生活・社会的機能の改善・再建・維持・向上を利用者自らのコンピテンスにより達成できるよう，専門支援者であるソーシャルワーカーが参加と協働体制の中で支援展開することに，その固有性を見出すことができる。その際，ソーシャルワーカーの実践能力や支援スキルの開発や向上が常に問われることになる。また，後継者養成としての，大学をはじめとする教育機関における実践教育も，同様に問われることになるであろう。これらの展開方法については，その意図や目的も含め，幾多の課題が山積し，暗中模索の状況にある。

これまで，現任のソーシャルワーカーの実践能力や支援スキルの維持・向上は，現任訓練やスーパービジョンとして期待され，取り組まれてきたが，重要性が常に強調される一方で，実施体制や方法が未確立のまま今日に至っている事実も否めない。特にスーパービジョンは，スーパーバイジーとスーパーバイザーの参加と協働のもと，利用者への支援過程における課題を抽出し，その解決を図り，支援者としての実践能力や支援スキルの更新・向上を目的とした過程であり，さまざまな利用者との出会いから，支援過程の展開に方向性が見出せず，袋小路に迷い込んだ場合に，過去の支援経験をふまえ，支援や打開策を模索しようとする際に活用すべきひとつの方法である。

それは単に実践過程を回顧する場でもなければ，how toとしての技法獲得の場でもない。過程の積み重ねを意識し，ソーシャルワークの支援過程に焦点化して実践されなければならない。そのことがスーパービジョンの実施体制や方法として充分に考慮されることが大きな課題となる。そのためには，実際の支援過程をできうる限りリアルに再現でき，目前の姿を想定できるような方法やスーパービジョンへのツールが必要とされている。

一方，後継者養成としての実践教育は，目下のところ社会福祉士や精神保健福祉士の資格教育として期待され，展開されてきているところである。しかしながら，教育内容や方法，教材やツールどれをとっても，課題が山積している

Ⅵ──エコシステム構想によるソーシャルワーク実践教育の具体的展開

ことは，すでに整理したところである。昨今の社会福祉をめぐる施策動向から，「ソフト福祉」としてのソーシャルワークの重要性や専門性が再認識され，その真価が問われてきている中，ソーシャルワーカーの養成教育へも厳しい目が注がれている。広く社会福祉の実践現場で活躍できる能力やスキルをもったソーシャルワーカーをいかに養成するのか，その際，教育内容やトレーニング方法をどのように組み立て，展開するのか，講義・演習・実習に多くの時間が割り当てられる中，手探りの状態で取り組まれている状況がある。

上述した課題を，「ソーシャルワーク実践教育」という視野から整理し，包括・統合的なソーシャルワーク理論である「ジェネラル・ソーシャルワーク」を「エコシステム構想」により実践概念化し，実践を科学的に展開しようという実践研究の成果を，教育訓練場面にフィードバックし，理論と方法をつなぐトレーニング方法として構築し，解決していこうとすることに，本研究の中心的意義がある。ソーシャルワーカーの支援スキルの維持・向上や学生への臨床教育に一石を投じ，その方法を刷新することが一大目的である。具体的には，

①教育支援ツールとしての「エコスキャナー Ecoscanner」の開発
②「エコスキャナー」を用いた事例活用によるトレーニング方法の確立
③演習形式によるトレーニング方法の刷新
④生活状況理解のための視野と方法の提示
⑤支援スキルの維持・更新への支援

を目的に，本論考では，「ソフト福祉」への期待が高まる中，ジェネラル・ソーシャルワークの理念・視野・視点・支援方法を理解し習得したソーシャルワーカーの養成という喫緊の課題を解決するために，ソーシャルワーク実践教育の場面，具体的には，精神保健ソーシャルワーカー養成過程で展開される演習形式の授業を一例に，エコシステム構想にもとづき開発された教育支援ツールを用いたトレーニング方法の意義や内容，展開方法を検証し，精緻化することを実践している。

2　教育支援ツール活用の意義・内容と展開方法

そこで，ソーシャルワーカー養成過程における，教育支援ツールを活用した

演習の意義・内容，方法について解説をすることにしたいが，支援ツールを活用し，事例を検討しながら実践する演習教育は，何を目的におこなわれるのか，それは，端的にいって，ソーシャルワーカーとしての支援スキルを理解し，習得することにある。

わが国において，ソーシャルワーカーの支援スキルについての研究は，「本格的な体系的研究は皆無にひとしい状況」[1]にあり，すでに指摘したところではあるが，勘と経験知による属人的な技術に多大な期待が寄せられ，実践されてきたことは否定できない。それは結局のところ，支援スキルの維持・向上やソーシャルワーカーの養成過程において，トレーニングすべきスキルが明確ではないことや，スキル獲得へのトレーニング方法が確立されていないことに直結しているわけである。

そもそも「スキル」とは，過去においては「理解力」や「判断力」の意味をもち，「熟練」や「わざ」を，あるいは，特殊な「技術」や「技能」を意味するが，「熟練」や「わざ」といったニュアンスから，経験を積み重ねた上での「巧み」や「老練」をイメージし，属人的な技能を否定できないが[2]，ここでは，専門支援者としてのソーシャルワーカーが，利用者への支援過程で用いる，教育・訓練により習得できる科学的技能としての側面を強調したい。つまり，生活支援という固有な発想や視点をもったソーシャルワーク実践が，利用者の生活課題の解決や生活の改善・再建・維持・向上という，具体的な成果をもたらすために，ソーシャルワーカーが習得し活用すべき，ミニマム・スタンダードとしての「支援スキル」である。

では，ソーシャルワーカーにはいかなる「支援スキル」が必要とされるのであろうか。これまで米国を中心に，ソーシャルワーカーのスキル研究が積み重ねられてきているところではあるが，ここでは，エコシステム視座にもとづき，ジェネラル実践の視点から，人と環境の相互関係を考慮して構成されたマクメイアン（M. O. McMahon）のスキルを一例として紹介しておきたい。表Ⅵ-1は，マクメイアンが示した「ソーシャルワーカーの基礎的スキル」だが，4領域から構成され，「環境の中の人間」というソーシャルワークの支援視点を確認しつつ，人へは「関係のスキル」として，環境へは「政治のスキル」として，人と環境の相互作用へは，支援過程の局面に応じた「問題解決のスキル」とし

表Ⅵ-1　マクメイアンの基本的スキル（M. O. McMahon, 1996を筆者訳により作成）[3]

人（person）	と（in）	環境（environment）
関係のスキル	**問題解決のスキル**	**政治のスキル**
聴く	問題の明確化	アドボケート
反応する	データ収集	法的行動をとる
感情／感じ取る	事前評価／目標設定	証拠を提示する
言い換える	計画作成／課題規定	交渉する
明確にする	介入の選択・実行	組織化する
情報を与える	事後評価	広報活動する
送致する	終結	デモンストレーション

| **専門職のスキル** |
| 記録　　リサーチ　　時間管理　　チームワーク |

て，それぞれ7つのスキルを整理している。また，すべての領域・局面に関係する「専門職のスキル」として「記録」・「調査研究」・「時間管理」・「チームワーク」の4つを整理し，全部で25のスキルとしてまとめられている。エコシステム視座に立ち，包括・統合的な整理がされており，示唆に富んでいるが，抽象度も高く，その他のスキル研究も参照しながら，より検証していかなければならないと考えられる。

ところで，本章で述べている支援ツールを活用した演習形式のトレーニングを通じて獲得しようとしているスキルは，より具体的なものであり，支援スキルの中心に当たるものである。それらは以下の3点に集約することができる。

① 利用者の生活実体を把握するスキル
② 生活の変容過程を理解するスキル
③ 個人及び集団へのコミュニケーション・スキル

これらについて解説を加えるならば，①の「利用者の生活実体を把握するスキル」は，これまで幾度も繰り返してきたが，個々別々で，複雑・多様な動態としての利用者の生活は，生活主体にとってはまさに実感としてとらえることができるが，他者にとってその把握・理解は困難なものである。しかしながら，利用者との協働により，生活支援を展開しようとするソーシャルワーカーにとって，できうる限り肉薄し，包括・統合的に把握・理解することなしに，先に進むことは不可能である。利用者の生活実体を理解するスキルを持ち合わせていなければ，生活課題を把握することもできず，その後の支援展開，目標を策

定したり，支援計画を立案したりすることはできず，たちまち袋小路に陥ってしまうであろう。このスキルは最も基本的で，支援の出発点になるスキルである。支援ツール活用により，利用者の生活実体を理解する視点を与え，全体像として科学的にとらえるスキルを獲得することができる。

　また，時々刻々と変容する生活をリアルにとらえることも，他者にとっては困難であることは容易に想像できる。特に，支援過程の中で，ある生活課題解決方法が，利用者にどのような影響を与え，成果として課題の解決につながっているのか，さらには，生活全体は変容したのか，その変容により，その後の支援をどのように推進するのか，②の「生活の変容過程を理解するスキル」についても，ソーシャルワーク支援を展開する上で，不可欠なスキルであろう。支援ツールによるシミュレーションやビジュアル化により，変容情報を確認し，その視点や内容を理解し獲得することが大きな目的である。

　そして③の「コミュニケーション・スキル」であるが，ソーシャルワーカーにとって利用者あるいは利用者システムと関係を構築し，継続的にコミュニケートするスキルも欠くことのできない能力である。さらには，ケアワーカーには介護技術が，心理専門職には各種の心理テストが，可視的なツールとして活用されるのに比べ，ソーシャルワーカーには自らがツールであるという要素も多く，その際，他者とコミュニケーションをとるスキルは最重要視される。支援ツールによる演習においては，利用者とのコミュニケーション・スキルを直接的にトレーニングすることを，現段階では目的としていないが，コミュニケーションをとる際の糸口となる，利用者の生活実体への接近・理解が促進されるであろう。また，ソーシャルワーカーの実践は他専門職とのチームワークで展開させるのが通常であり，集団でのコミュニケーション・スキルも身につけておかなければならない。後に詳述するが，支援ツール活用による演習は，グループ単位による演習として組み立てられており，いわば，「模擬カンファレンス体験」といった展開の中で，集団におけるコミュニケーション・スキルを獲得することが目的とされる。

　以上のような主たる目的のもと，教育支援ツールを活用しての演習形式のトレーニングにおいては，より具体的に，
　①利用者の複雑多様な生活を包括・統合的に把握する視点の理解・獲得

Ⅵ──エコシステム構想によるソーシャルワーク実践教育の具体的展開

②シミュレーション・プログラムによる，生活の変容過程への理解
③討議し判断していく過程の重要性についての理解
④討議プロセスや振り返りを通じた，他者との相違点への理解
⑤教育支援ツールへの評価

をねらいとして展開し，また，その内容と展開方法については，次節の活用展開例で詳細についてふれているが，基本的には，

①学生が小グループ単位で，あらかじめ用意された活用事例を読み進めながら，
②討議─判断─決定のプロセスを繰り返し，その結果をコンピュータに入力し，
③ビジュアル化（グラフ化）し，自分たちの判断結果を振り返り，
④他グループ結果や教員によるアセスメント結果と比較しながら，
⑤さらに討議をくり返し，
⑥生活を包括・統合的に把握・理解する視点や変容過程を理解し，

図Ⅵ-1　教育支援ツールの初期画面

図Ⅵ-2　演習授業の様子

⑦アンケートに回答することで，演習の全過程を振り返る，といった基本的プロセスをたどって展開されることになる。

そこで具体的な活用展開例の詳述をする前に，「教育支援ツール」の内容構成について示しておきたいが，図Ⅵ-1は，パーソナルコンピュータに表示される「教育支援ツール」の初期画面であり，「アセスメント」ボタンをクリックすることにより，次のアセスメント画面に進むことになる。

なお，先に述べたように，小グループ単位での演習展開のため，グループに1台のパーソナルコンピュータを用意し，数人がコンピュータの前に位置し，互いに事例から読み取った状況を頭に描きながら，グループメンバーと討議し，判断し，アセスメントしていく作業を繰り返していく。図Ⅵ-2は，実際の演習場面の様子であるが，参加者の了解を得て掲載した。

次に，図Ⅵ-3は，アセスメント初期画面である。利用者の生活実体を，5階層からなる構成子から情報として整理し，そのアセスメント状況や変容状況を一括して確認できるようになっている。上から第1階層は，「全体としての生活」，第2階層は，「領域」として，生活を「人間」と「環境」からとらえ，第3階層では2つの「領域」をそれぞれ，「当事者」と「基盤」，「生活環境」

Ⅵ──エコシステム構想によるソーシャルワーク実践教育の具体的展開

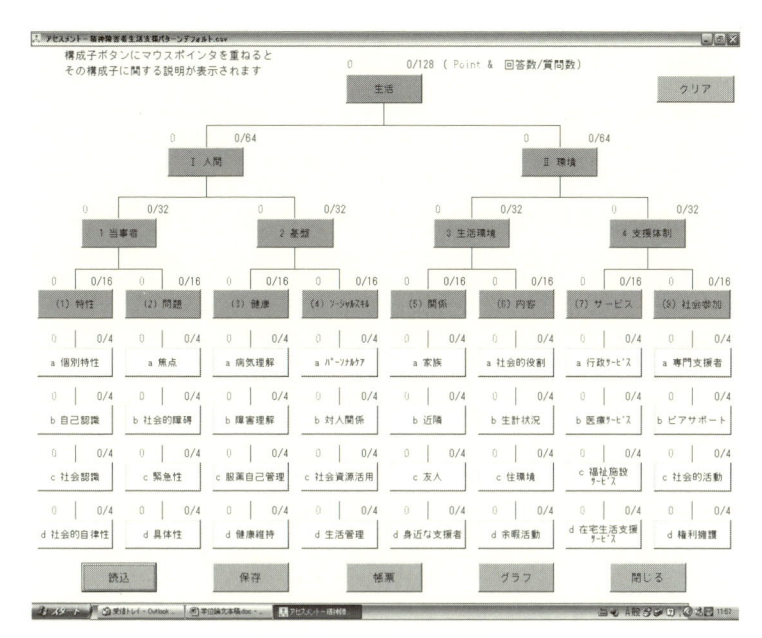

図Ⅵ-3　アセスメント初期画面

と「支援体制」の2つの「分野」に，さらに，第4階層として，8つの「構成」をもっている。実際のアセスメントは，白色で表示されている第5階層，計32の構成子でおこなわれ，直接該当するボックスをクリックすることにより，図Ⅵ-4の画面があらわれ，第5階層の1構成子にそれぞれ4つの質問が用意されており，計128の質問に回答することにより，一連のアセスメントを終えることになる。

　4つの質問にはそれぞれ5段階の回答が用意されており，チェックボックスをクリックすることにより回答したことになるが，たとえば，「自らの障害を受け入れていく見通しがありますか」の質問には，「1見通しはある」，「2少し見通しはある」，「3あまり見通しはない」，「4見通しはない」「5事例に情報がない」の回答選択肢があり，事例にある情報から判断し，回答をおこなっていく。なお，すべての質問に回答しているか，アセスメントを終えているかどうかについては，それぞれの構成子右上に数値として示され，左上には，シミュレーション・プログラムによる変容した数値が，その都度，アセスメント

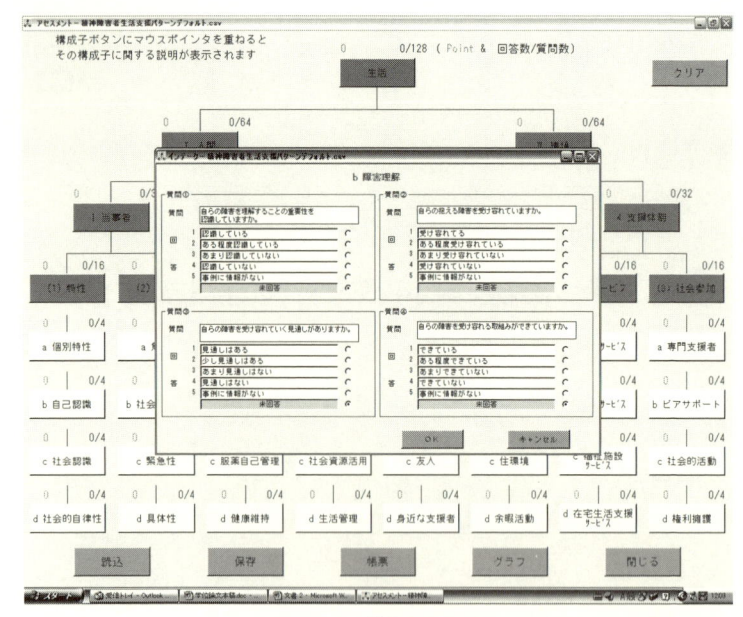

図Ⅵ-4　情報入力画面

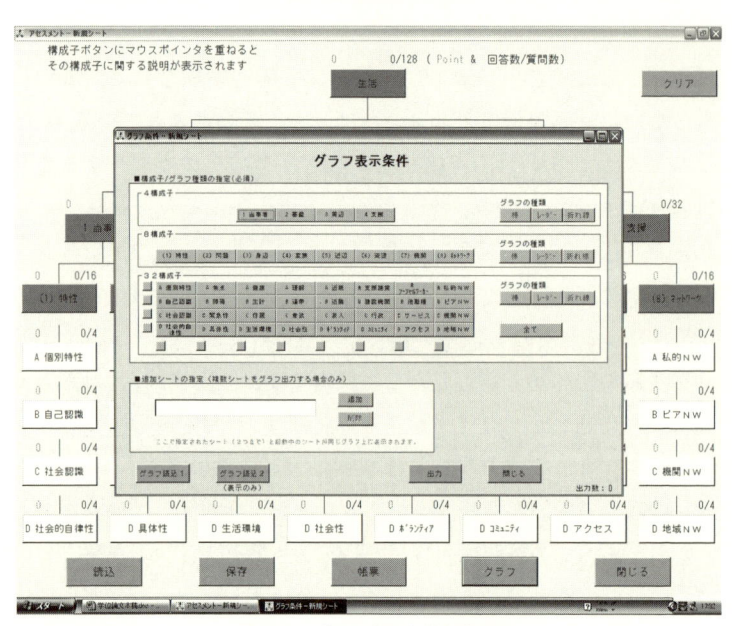

図Ⅵ-5　グラフ表示条件指定画面

Ⅵ──エコシステム構想によるソーシャルワーク実践教育の具体的展開

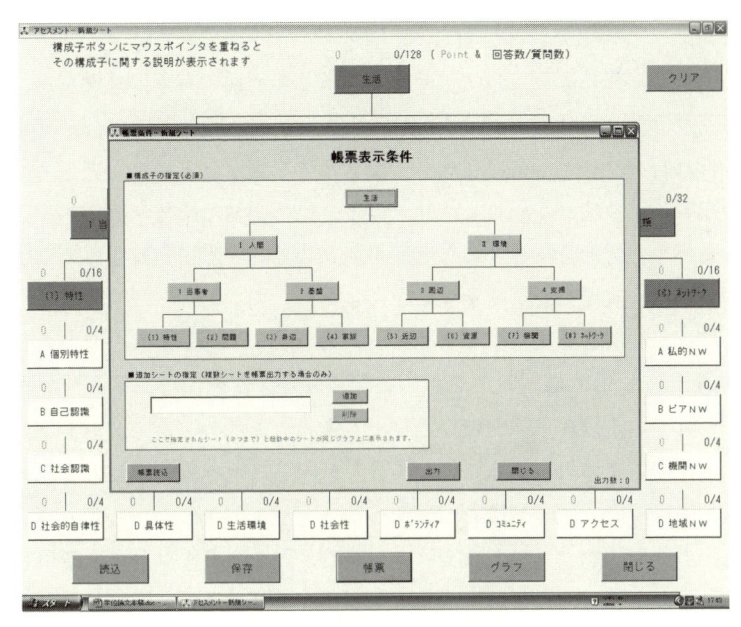

図Ⅵ-6　帳票表示条件設定画面

図Ⅵ-7　帳票表示のイメージ

初期画面上（図Ⅵ-3）に示される。

　また，グラフ化に際しては，アセスメント初期画面の右下の「グラフ」ボタンをクリックすることにより，図Ⅵ-5が表示され，棒グラフ，レーダーチャート，折れ線グラフとして，さまざまなグラフを表示することができ，支援過程での変容状況や他グループとの比較など，この画面で条件を設定することにより，多様な視覚的理解をすることが可能となる。実際に作成されたグラフ表示については，次節において示すことにしたい。

　さらには，帳票として，アセスメント結果を表示することも可能であり，図Ⅵ-6に示しているのは，帳票表示の条件を設定する画面であり，データとして保存されている以前に終えていた結果も含め，3回のアセスメント状況について，1枚の帳票に表示することができ，紙ベースでの確認作業も可能となっている。図Ⅵ-7として，帳票のイメージ図を示している。

　以上のような機能を具備した支援ツールだが，この支援ツールを活用し，事例を検討しながら展開する演習形式のトレーニング方法について，筆者が精神保健ソーシャルワーカーの養成過程の中で実施した展開例の詳細の解説と分析を，次節において展開することにしたい。

3　精神保健ソーシャルワーカー養成課程での支援ツール活用の実際

　昨今のソーシャルワーク実践教育状況をふまえた上で，ソーシャルワーク実践への社会的期待が高まる中，包括・統合的理論であるジェネラル・ソーシャルワークの理念・視野・視点・支援方法を理解し習得したソーシャルワーカー養成という喫緊の課題を認識し，前節で述べたような意義・内容・展開方法を，具体的教育の場面でいかに展開するのか，本節ではその具体例を示し，考察を加えることにする。

　本論での実践展開例は，精神保健ソーシャルワーカー養成課程においての展開例であり，より具体的には，4年制大学に整備された精神保健福祉士養成課程での指定科目である「精神保健福祉援助演習」における3回の実践例が分析・考察の対象である。

　「精神保健福祉援助演習」は，精神保健福祉士国家試験受験資格取得のための

Ⅵ——エコシステム構想によるソーシャルワーク実践教育の具体的展開

指定科目のひとつであり，厚生省（現：厚生労働省）令により提示された「精神保健福祉士養成施設等における授業科目の目標及び内容について」（厚生省障第91号）によれば，目的としては，

①精神保健福祉士の専門的援助技術及びリハビリテーション技法について，実技指導を中心とする演習形態により具体的事例を取り上げ，個別指導及び集団指導を通してその精度を高めつつ習得させる。

②学生自身が自分自身で学習し，考え，主体的に行動する態度を養成する。

ことにあり，演習形態により，具体的事例を取り上げながら，学生自身が積極的に報告し議論しあう形で，精神保健ソーシャルワーク実践の価値・知識を確認しながら，精神保健福祉士としての基本的な支援スキルの獲得を目指すことに最大の目的があるといえる。また，「精神保健福祉士短期養成施設及び精神保健福祉士一般養成施設等指定規則」（厚生省令第12号）において明示されている教育の内容として「精神保健福祉援助演習」は，「60時間」を最低基準としているが，筆者が所属している類の4年制大学においては，1コマ・90分授業を30回展開しているのが通例である。上述した目的を達成するために，さまざまな内容を，方法や教材を工夫して展開されているところであるが[4]，筆者はこれまで，自己理解・他者理解にはじまり，基本的なコミュニケーション・スキルや面接スキル獲得のための演習，ソーシャル・スキルズ・トレーニングの方法を活用したグループ体験演習，事例を活用したケアマネジメント演習・コミュニティワーク演習などを計画的に展開しており，教育支援ツールを活用した演習には，3コマ（90分×3回）を割り当て，週1回の展開のため3週間にわたり，クラス外の時間にも，取り組むべき課題を提出し，実施したものである。

表Ⅵ-2に，3回の演習展開例の対象や人数等についてまとめたが，いずれも1グループのメンバーが，4～5名で構成される5グループで実施し，グループで1台のパーソナルコンピューターが使用できるよう，マルチメディア教室などど称されているコンピュータ教室を使用して実施した。そのため，各グループのアセスメント結果等について，大画面に表示し，全体で確認できる機会を得ることが可能となった。

教育スタッフについては，演習を担当している専任教員2名を基本とし，

表Ⅵ-2　演習対象のプロフィール

	展開Ⅰ	展開Ⅱ	展開Ⅲ
演習対象	A大学3回生	A大学3回生	B大学2回生
演習年月	200X年10月	200X年10月	200X年7月
演習人数	21名 (女性21名)	18名 (女性18名)	18名 (女性15名・男性3名)
グループ数	5グループ	5グループ	5グループ

教育助手が加わった場合，また，展開Ⅰにおいては，その第1回目に，「エコシステム研究会」から，教育支援ツールに精通した支援スタッフ（大学院生）の応援を求めた。

実際の展開方法については後述するが，足かけ3年にわたる実践展開であり，その間，支援ツールの構成子名や質問文章の変更・修正，表示されるグラフの形状等の改良等がおこなわれ，その都度，より新しいヴァージョンのものを使用したが，基本システムについての変更はなく，また，使用する事例や演習後のアンケートなどについても，3展開例とも同じもので実施した。

(1) 展開方法の実際

実際の演習は，週1回，3週にわたって展開されたが，クラス外における課題も含め，表Ⅵ-3に示すような内容・手順で進められた。

第①回目は全体としてオリエンテーションの意味をもち，はじめに上述したような演習のねらいと進め方についてレジュメを配布し説明をおこない，また，生活を把握する上で重要なエコシステム状況理解について簡単な解説をおこなった。なお，展開例Ⅰ～Ⅱに参加したすべての学生について，基礎理論である包括・統合ソーシャルワークの発想や視点等については「精神保健福祉援助技術総論」において，精神障害者の特性や生活理解等については「精神保健福祉論」等において，一定の講義による学習が終了している学生である。

その後，グループ分けをおこない，各グループにリーダー（進行役）と記録者を決めてもらった。さらに，支援ツールの使用方法について解説し，実際の入力，グラフ化といった一連の流れについて，教員のインストラクションにより実体験をしてもらい，最後に振り返りと確認をおこない，第1次アセスメ

Ⅵ──エコシステム構想によるソーシャルワーク実践教育の具体的展開

表Ⅵ-3 演習プログラム

回	時間	演習内容
①	90分	① 演習のねらい・内容・進め方の教示 ② グループ分け ③ ツール使用方法の解説と試行 ④ 振り返りと確認 ⑤ 活用事例読解の指示
	クラス外	各自、第1次アセスメントへの準備
②	90分	① 第1次アセスメント 　・データ保存 ② 振り返りと確認
	クラス外	各自、第2次アセスメントへの準備
③	90分	① 第2次アセスメント 　・データ保存 ② グラフ化：変容過程・内容の確認 ③ 全体でのディスカッション ④ アンケートへの記入

　ントの対象となる使用事例の前半部分を配布し、次回までに各々が事例を読み込み、利用者の生活を把握する上で重要だと考えられる情報を抽出し、チェックマーカー等で明確にしてくるよう指示を与えて終了した。

　なお、使用事例について、その概要を以下に示すが、「エコシステム研究会」において検討を重ね作成したオリジナル事例であり、『ひとり暮らしをはじめたが……』というタイトルの、精神科デイケアへの通所により、地域生活の安定を図っていくことを目標にした28歳男性の事例であり、3回の演習展開の中で、2度のアセスメントを実施するため、前半部と後半部に、大きく2分割し作成されている。

　第②回目は、使用事例の前半部分について、第1次アセスメントを、「回答のためのマニュアル」と、回答の判断理由を記載する「チェックシート」を使用し、ディスカッションしながら、128の質問項目に回答する要領で、データ入力を進めた。最後に振り返りと確認をおこない、第2次アセスメント対象となる事例の後半部分を配布し、前回同様、重要情報を抽出してくるようクラス外での課題を指示し終了した。なお、グループの進行状況に差が出る場合も生じ、いち早く終了したグループに対しては、個別にグラフ化を指示し、グループ内でアセスメント状況について確認し、話し合うことを展開した場合もあ

った。

　第③回目は前回同様の方法で，事例後半部分のアセスメントをおこない，その後，教員が教示した項目についてのグラフ化を試み，生活の変容過程を理解する目的で，グループ内でディスカッションを実施した。また，包括・統合的な生活理解を図るため，またグループ間の相違を確認するため，教室内前方スクリーンにグラフを表示し全体ディスカッションをおこなった。最後にアンケートへの記入をおこない，3回の演習を終了した。

　以下に実際の演習展開の際，学生によるアセスメント結果を受けて作成したグラフを示すが，図Ⅵ-8は，「家族」に関する4構成子を，図Ⅵ-9は，「特性」・「問題」・「身辺」・「家族」・「近辺」・「資源」・「機関」・「ネットワーク」の8構成内容について，同一グループの第1次アセスメントと第2次アセスメントの結果をビジュアル化したものである。このように教育支援ツールは，アセスメント結果を容易に多種のグラフによりビジュアル化することが可能だが，この結果を素材にして学生は，さらに事例にフィードバックし，ディスカッションを進め，ソーシャルワーカーとして，利用者の生活を包括・統合的に把握・理解しようとする思考・判断枠組みを獲得し，さらには生活の変容過程への理解を深めることができる。

使用事例：「ひとり暮らしをはじめたが……」の概要

【デイケア利用までの状況】
　吉村信夫さん（仮名・28歳・統合失調症）は，高等学校卒業後，専門学校や予備校へ通ったり，飲食店や運送会社でアルバイト等をしてきたが，「だるい」「やる気がなくなった」と訴え，食欲不振・不眠・自室への引きこもり等が見られ，いずれも1か月程度で中断し，長続きしなかった。
　25歳の時に，誇大妄想・滅裂思考が出現し，大声を上げながら夜間徘徊するようになり，近隣の通報を受けた保健所の紹介により，N精神科病院に医療保護入院となった。1年後退院するが，「病気が治った」「薬や医者よりも信仰心に頼るべきだ」との理由で服薬を中断，2か月後再発し，N病院に3か月間，再入院となった。退院後は，保健所の精神保健福祉相談員の勧めにより，グループワークや地域の共同作業所に不定期に通うようになったが，27歳時，再び服薬を中断し，再発。日中の引きこもりと夜間の徘徊が顕著となり，近隣からの苦情を受け，K精神科病院に4か月の入院となった。

退院後，通院は規則的におこなっているが，日中の行き場もなく，両親の仕事の関係で生活保護を受給しながら，アパートを借りひとり暮らしをはじめた機会に，精神科デイケアへの通所を主治医に相談し，見学をすることになった。

【第1次アセスメント内容】

精神科デイケア（独立型）の太田PSWは，吉村さんからの電話を受け，母親とともに見学を含め初回面接を実施した。デイケア通所への動機や目標に不鮮明な部分が見られたため，1週間の試行通所を提案し実施，第1回のアセスメントを実施した。

その後，デイケアへの試行通所の状況，吉村さん自身の思いや考えを把握し整理しながら，母親同席の面接，母親のみの面接，吉村さんのアパートへの訪問を，同意を求めながらおこない，信頼関係を構築しながら，吉村さんの現況や家族や友人，関係機関・近隣との関係状況などの把握・理解につとめた。

【第2次アセスメント内容】

試行通所が終わり，太田PSWは，これまで得られた情報をもとに資料を作成し，今後の支援計画を検討するために，スタッフ会議を招集した。会議には，デイケアスタッフだけではなく，これまで，吉村さんにかかわってきた，通院先の主治医とPSW，保健所の精神保健福祉相談員と担当保健師，福祉事務所の生活保護担当ワーカーに出席を依頼した。また，吉村さん本人には，デイケアの通所目標を作成するよう促した。

その後，スタッフ会議での支援計画内容を説明し合意を得た上で，正式通所が開始された。開始後は，生活保護費を自己管理したり，デイケア活動への積極的参加，デイケア活動外での友人との交流などの変化がみられたが，3か月を経過したころより，欠席がちになり，病院への通院も途絶えた。アパート管理人から保健所に「夜間にアパートの周りをうろうろするようになってきた」との連絡があり，同様の連絡を受けた母親が説得し通院となり，吉村さん本人がデイケアに訪れ，「入院したら，ひとり暮らしが続けられなくなる」といった不安を相談した。結局，「短期間だけ，休息のために入院したい」という本人の申し出により，2週間の任意入院となった。

退院後，依然として服薬へのずさんさは見られたが，通院・通所は定期的でスムーズであり，友人との交流も積極的であり，吉村さん本人から，「この調子で生活リズムをつけて，半年後くらいには，徐々に仕事のことを考えようかな」と具体的な目標を聞くようになってきた。太田PSWは，吉村さんの意向を確認しながら，今後の支援計画について具体的検討をはじめようかと考えている。

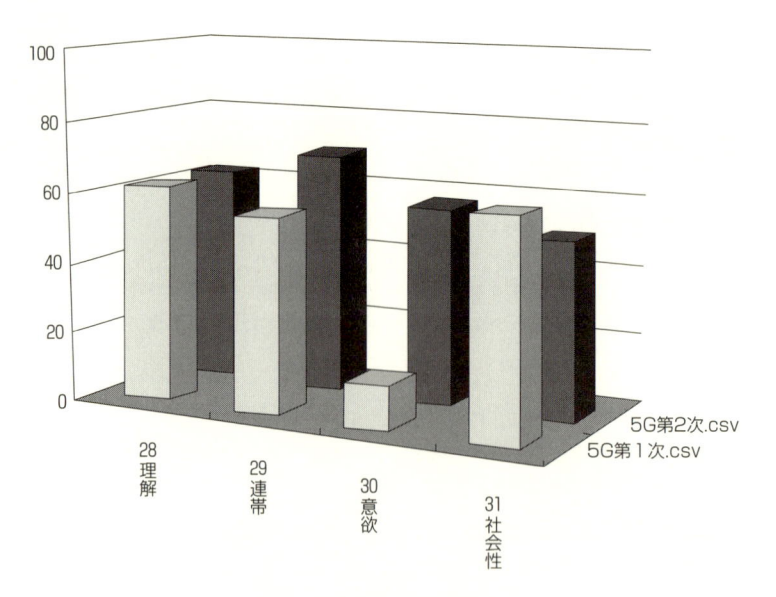

図Ⅵ-8　変容過程への理解①

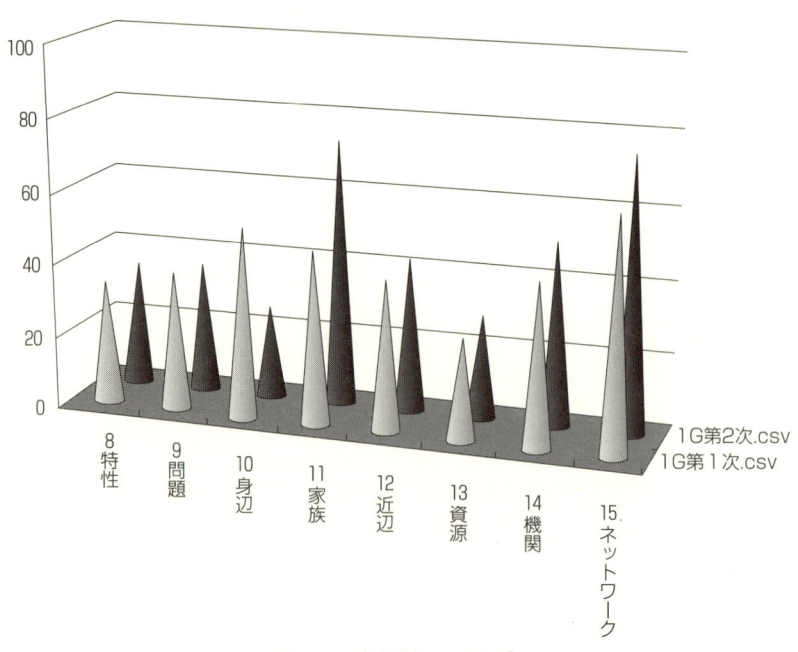

図Ⅵ-9　変容過程への理解②

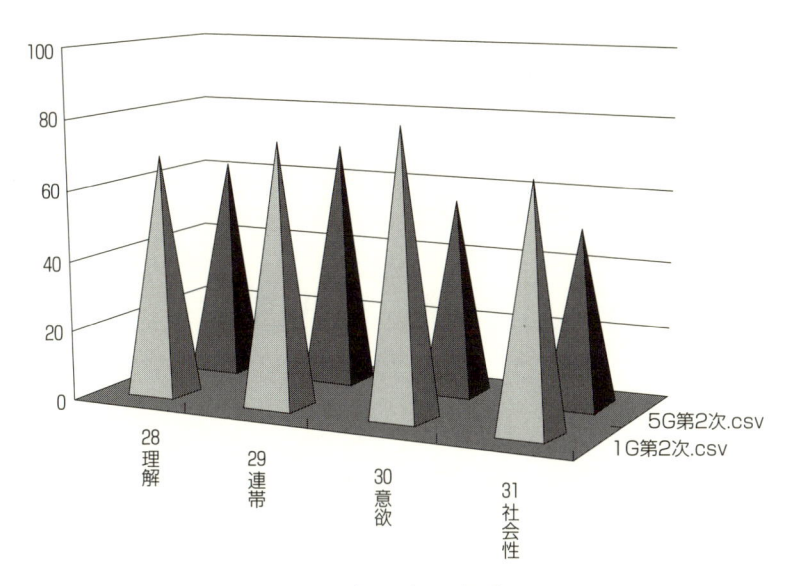

Ⅵ──エコシステム構想によるソーシャルワーク実践教育の具体的展開

図Ⅵ-10　グループ間の差異①

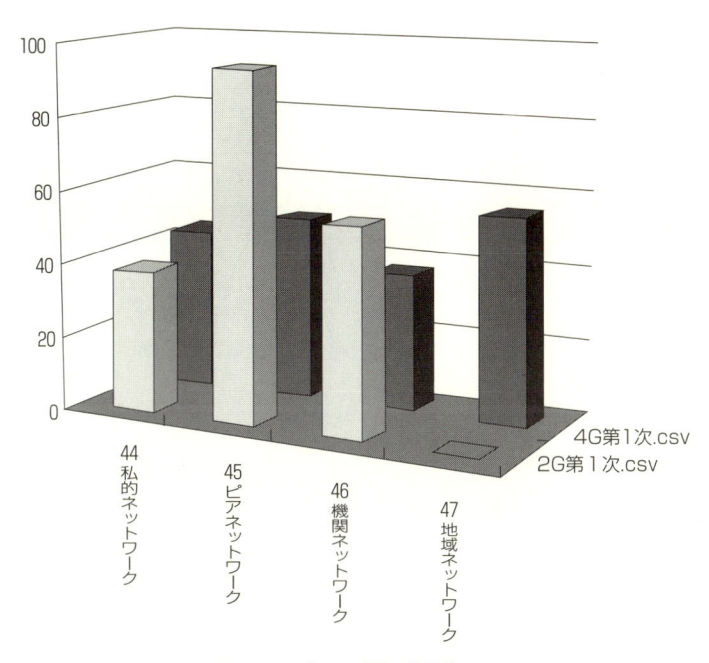

図Ⅵ-11　グループ間の差異②

また図Ⅵ-10，図Ⅵ-11は，「家族」および「ネットワーク」の4構成子について，2つのグループの第1次あるいは第2次のアセスメント結果を，同時にビジュアル化したものであるが，このようにグループ間の差異を全体ディスカッションの場で確認し，互いの判断根拠を確認しあうことにより，さらに個々の判断枠組みへの気づきを得，確認・修正することが可能となる。

　また，ディスカッションの際，教員側があらかじめアセスメントしたデータを用意し，学生グループのアセスメント結果と比較し，その相違点について確認する方法を実施することも可能である。

　図Ⅵ-12は，生活を8つの領域から，レーダーチャートにして表示したものであり，青の実線で表示されているのが，学生グループによる第1次のアセスメント結果，赤の破線で表示されているのが，教員による第1次のアセスメント結果である。また図Ⅵ-13は，学生グループと教員との間で，大きな差が見られた，「(2) 問題」の領域をさらに詳細に，4構成子のアセスメント状

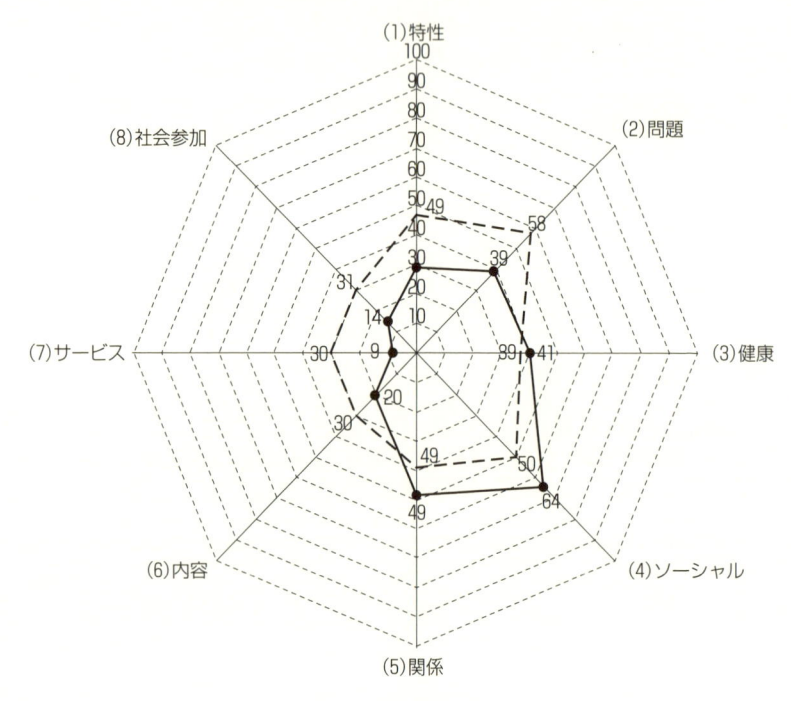

図Ⅵ-12　教員との比較①

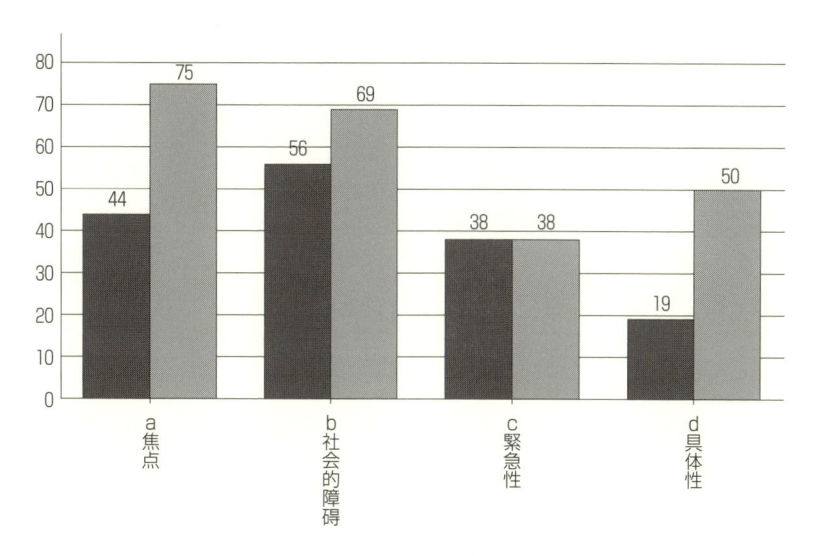

Ⅵ――エコシステム構想によるソーシャルワーク実践教育の具体的展開

図Ⅵ-13　教員との比較②

況を棒グラフで表示したものであるが，単に違いを確認するだけではなく，使用事例にフィードバックし，どの情報から判断し，アセスメントしたかを互いに確認しあい，生活を把握・理解する視点について，振り返りをおこない，理解をより深めることができる。この際，留意しなければならないのは，教員が示すアセスメント結果は，「正答」を意味するものではなく，一ソーシャルワーカーの判断結果であることを，理解したうえで，展開しなければならないことである。

　以上のような過程を経て，支援ツールを活用した3回にわたる演習は終了したが，今回は支援ツールへのフィードバックという意味で，学生にアンケートを依頼した。以下において，そのアンケート結果の概要について示し，その結果をもとに，支援ツールを活用した演習展開の成果と課題について検討することにしたい。

(2) 支援ツール活用展開の成果と課題

　表Ⅵ-4に，学生に依頼したアンケートの内容について示したが，全部で18項目の内容についてたずね，1から15までの項目については，「理解できた」

から「理解できなかった」や「思う」から「思わない」までの選択肢を示し，五件法で回答してもらうとともに，自由記述欄を設けた。また，16と17については，「ある」「ない」「わからない」の3つの選択肢を用意した。

表Ⅵ-5は，アンケート結果のうち，1から15までの質問への回答で，上位2つの選択肢への回答の割合を，各演習展開ごとと全体とでまとめたものである。つまり，質問12「1回目，2回目のアセスメントを通して，利用者の生活の変容を理解できましたか」に対して，「5　よく理解できた」「4　まあまあ理解できた」「3　どちらともいえない」「2　あまり理解できなかった」「1　理解できなかった」の選択肢のうち，5と4に回答した学生の，演習参加学生に対する割合を示しているわけである。なお，その割合が8割を超えたものについては，薄いグレーで（3回の展開例全体欄のみ），6割を切ったものについては数字を白で示してある。

少人数からのアンケートによる結果であるので，統計的な確からしさを前面にして示すことはできないが，これまでにエコシステム研究会により継続的に

表Ⅵ-4　アンケート項目

1．ツール利用により，ソーシャルワーカーの生活への視点を理解できましたか。
2．ツール利用により，利用者の生活問題は個人的要因だけで起こるのではないことが理解できましたか。
3．ツール利用により，利用者の生活問題を具体的に理解しやすかったですか。
4．利用者を支援していく際には，地域や行政・制度の改善までを視野に入れることが必要であることを，ツール利用により理解できましたか。
5．ツール利用により，利用者の生活の中での社会資源を見つけやすくなりましたか。
6．ツール利用により，利用者の長所や強さを見つけやすくなりましたか。
7．利用者の生活をグラフで見ることで生活全体を理解しやすかったですか。
8．教員が理解した生活との認識の差異を確認できましたか。
9．教員が理解した生活との認識の差異を確認することで，他のソーシャルワーカーや他職種とチームでかかわる必要性を認識できましたか。
10．グラフを見ることで話し合いがしやすくなりましたか。
11．ツールを活用し，グループで話し合うことで他の人の考え方を受け入れたり，自分の意見との差異を確認することができましたか。
12．1回目，2回目のアセスメントを通して，利用者の生活の変容を理解できましたか。
13．ツール利用により，利用者の主体的な参加を期待できると思いますか。
14．今後現場で働くとしたら，今回の演習体験は役に立つと思いますか。
15．支援ツールを実践に取り入れることは有効だと思いますか。
16．回答した質問項目以外に利用者にしたい質問がありますか。
17．支援ツールを活用して，ツールの改善点がありますか。
18．その他，意見や感想があれば，記入してください。

表Ⅵ-5　アンケート集計結果（％）

質問No.	展開Ⅰ	展開Ⅱ	展開Ⅲ	全体	順位
1	75.0	90.0	83.3	82.5	7
2	100.0	90.0	94.4	95.0	3
3	75.0	50.0	88.9	75.0	11
4	66.7	80.0	66.7	70.0	12
5	75.0	80.0	55.6	67.5	13
6	75.0	66.7	88.9	79.5	10
7	83.3	88.9	88.9	87.2	5
8	66.7	87.5	41.2	59.5	14
9	91.7	100.0	66.7	81.1	9
10	66.7	88.9	94.1	84.2	6
11	91.7	100.0	100.0	97.4	2
12	91.7	90.0	72.2	82.5	7
13	33.3	80.0	55.6	55.0	15
14	91.7	100.0	100.0	97.5	1
15	75.0	90.0	94.4	87.5	4

蓄積してきた結果と比較し，同様の結果が得られており[5]，学生は，支援ツール活用による演習授業に対し，高い正の評価をしていることがわかる。特に上位のものをあげると，

14. 今後現場で働くとしたら，今回の演習体験は役に立つと思いますか。（全体97.5％）

11. ツールを活用し，グループで話し合うことで他の人の考え方を受け入れたり，自分の意見との差異を確認することができましたか。（全体97.4％）

2．ツール利用により，利用者の生活問題は個人的要因だけで起こるのではないことが理解できましたか。（全体95.0％）

15. 支援ツールを実践に取り入れることは有効だと思いますか。（全体87.5％）

7．利用者の生活をグラフで見ることで生活全体を理解しやすかったですか。（全体87.2％）

10. グラフを見ることで話し合いがしやすくなりましたか。（全体84.2％）

1．ツール利用により，ソーシャルワーカーの生活への視点を理解できましたか。（全体82.5％）

と，支援ツール活用の演習展開のねらいとして意図していた，「複雑多様な生活実体への理解」や「利用者の生活を把握・理解する視点」，「生活の変容過程への理解」や「討議を通じて，その重要性や他者との相違について理解する」ことなど，ほとんどの点で達成感を示していることが理解される。

　また学生のコンピュータ活用への抵抗感は非常に少なく，データ入力を繰り返す中で，ディスカッションがスムースに進み，学生間のやりとり・交流が非常に活性化されていることが実感された。

　これらの結果をふまえ，支援ツール活用演習の現時点における成果として，
　①生活が多様な因子から成立していることが，短時間で理解可能となり
　②また，ソーシャルワーク支援による変容過程への理解が可能になる
　③そのことは，ソーシャルワーク支援への視点や専門的判断習得への近道となる
　④さらに，ディスカッションを実際に体験し，その意義を確認することができ
　⑤その過程を通じて，他者との相違を確認することが可能であり，このことは，自己覚知へとつながる

といった点にまとめることができ，演習のねらい・目的を達成し，専門支援者養成過程における支援スキル・トレーニングのひとつの方法として，取り組むに値する方法であることを実感することができる。

　そこで，今後さらに精緻化し，より使えるツールとして進展させていくためにいくつかの解決すべき課題についてまとめておくことにしたい。それらの課題としては，
　①生活を包括・統合的に把握していくための，生活の構成子構造の継続検討
　②質問項目・内容・クエッショネアの継続検討
　③使用する事例の検討と作成
　④標準的演習モデル・プログラムの検討と例示
　⑤包括・統合的なソーシャルワーク実践教育を見据えて，他の演習内容や

Ⅵ──エコシステム構想によるソーシャルワーク実践教育の具体的展開

講義科目，実習科目との連動の検討

があげられる。①個々別々で複雑多岐にわたる生活をパーフェクトに把握し理解することはそもそも困難なことではあるが，その一方，専門支援者の力量や個別性によりその把握視点や内容が変わってしまうことも避けなければならない。そのような意味でエコシステム構想にもとづきながら，その生活構成子体系や②質問項目等について，より精度を高めたものにしていかなければならない。

③教育展開を考えた場合，架空の教育事例を使用しての実施になるが，オリジナルでかつ現実味を帯び，生活の全体状況や変容過程を学習していくにふさわしい事例を必要とし，そのヴァリエーションも豊富にしていかなければならない。学生へのアンケートの結果回答率の比較的低かったものとして，「利用者の生活の中での社会資源をみつけやすくなりましたか」（全体67.5％)，「地域や行政・制度の改善まで視野に入れることが必要であると理解できた」(全体70.0％)や，「利用者の強さや長所を見つけやすくなった」（全体79.5％）というものがあった。これらは，ソーシャルワーク支援として重要性を増しているコミュニティワーク，メゾ実践やマクロ実践，フィードバック過程に関するもの，あるいは，支援視点であるストレングス視点やエンパワメント・アプローチに関するものである。一使用事例の中に学習・獲得すべき視野・視点・支援スキルをすべて盛り込むことは困難であり，かえって網羅的になり，焦点が拡散してしまう危険性が懸念されるが，事例の作成方法により，またヴァリエーションを用意することにより，支援ツールを活用した演習が多面的に展開でき，その意義が増進していくように思われる。

④その上で，今回は1コマ・90分を3回，3週間にわたって展開したが，養成校においてはセメスター制の導入などもはかられており，多様な形態に対応できるように，使用事例や，学生が検討すべき課題を具体的に提示するなど，内容や方法に工夫をこらし，複数の標準的なプログラムを用意し，実際の養成過程の中で展開していくことが必要になるであろう。

さらには，本研究の冒頭で述べた課題認識ともつながるが，⑤専門支援者養成に焦点化されたソーシャルワーク実践教育全体の再構築に連動させていく必要があり，「講義─演習─実習」の関連，講義科目間のつながり，演習教育と

事前・事中・事後にわたる現場実習教育との関連などを整理・検討し，再構築していくことが，今後の一大課題である。

■注■

1) 岡本民夫・平塚良子編著（2004）『ソーシャルワークの技能―その概念と実践』ミネルヴァ書房 ⅰ頁　この本では，そのような認識のもと，ソーシャルワークの技能について，内外の研究成果を整理した上で，体系的にまとめられている。
2) 平塚は，ソーシャルワークのスキルが属人的なアートとしてのスキル（アーティスティック・スキル）と，科学的技術としてのスキル（テクニカル・スキル）から構成され，ソーシャルワーカーに発揮される際には，両者間を振幅・流動していることを指摘している。平塚良子（2004）「第１章 ソーシャルワークにおけるスキルの意味」前掲　岡本・平塚編著書　1-20頁
3) McMahon,M.O. 1996. *The General Method of Social Work Practice: A Generalist Perspective*, 3rd ed., Allyn & Bacon, p.14.
4) 精神保健福祉士養成の標準的テキストとして公刊されているものには，シリーズ内の１巻として，「精神保健福祉援助演習」の意義・内容や方法が提示されているし，昨今は，ソーシャルワーク演習に関するテキスト本の出版も多く，その中には，精神保健福祉領域の事例演習が盛り込まれているものなどが散見される。精神保健福祉士養成講座編集委員会編集（2004）『精神保健福祉援助技術演習（精神保健福祉士養成講座　7）』中央法規出版　川村隆彦（2002）『価値と倫理を根底に置いたソーシャルワーク演習』中央法規出版　等を参照
5)「エコシステム研究会」では，これまで支援ツールを活用したスキル・トレーニングを，研究会メンバーが所属する大学や大学院，また，専門職団体主催の研修会等で実践してきたが，その際，支援ツール活用に関してアンケートを参加者に依頼し，その結果を積み重ねてきた。中村佐織（2002）『ソーシャルワーク・アセスメント―コンピュータ教育支援ツールの研究』相川書房　等を参照

Ⅶ 本研究の評価とこれからの課題

　本研究は、くり返し述べているように、エコシステム構想にもとづき、利用者と支援者の「参加と協働」体制の中で、「利用者の自己決定過程を保障した上での、自立した生活構築への支援」というソーシャルワーク実践展開を、教育場面においていかに展開するかという構想のもと推進されている。当然のことながら、ソーシャルワーク実践の究極的目標を考えた場合、本研究のソーシャルワーク実践教育の展開と並行して、あるいはその延長線上に、実際の支援場面において、エコシステム構想にもとづくソーシャルワーク実践をいかに展開するかという一大目標がある。

　そのことを意識した上で、本論の評価と今後の課題について、教育支援ツールを活用した演習展開の評価と課題とともに、
　　①精神保健ソーシャルワーカー養成教育へのフィードバック
　　②ソーシャルワーク実践教育へのフィードバック
　　③ソーシャルワーク実践の科学的展開
といった点について、まとめておくことにしたい。

1　精神保健ソーシャルワーカー養成へのフィードバック

　前章において、支援ツールを活用した教育展開の結果と課題についてまとめたが、改めて、その要点を取り上げるならば、支援ツールを活用した演習を展開することにより、
　　①精神障害者の複雑多様な生活への理解
　　②ソーシャルワーク支援による変容過程への理解

③集団討議による判断・意思決定の重要性への認識
　④情報判断スキルの確認と更新
といったことが促進され，専門支援者であるソーシャルワーカーにとって欠かすことのできない中心的なスキルである．
　①精神障害者（利用者）の生活実体を把握するスキル
　②生活の変容過程を理解するスキル
　③個人及び集団へのコミュニケーション・スキル
の習得を可能にするという成果を提示することができる．さらに，現在，暗中模索の状況の中，独自に展開されているソーシャルワーク演習教育に新しい方法を提示することができるものと考えられる．しかしその一方で多くの課題も山積しており，それらの課題を，
　①精神障害者の生活世界をよりリアルにとらえるための生活構成子の精緻
　②クエッショネアの整備
　③シミュレーション・プログラムの再検討とビジュアル化の工夫
　④活用事例の整備
　⑤演習展開プログラムの定式化
といった諸点に整理することができる．

　さらに，重要な課題は，支援ツールを活用した演習を，演習授業全体の中でどのように位置づけていくのか，その詳細な検討を推進しなければならない．具体的には，「精神保健福祉援助演習」という科目を，1コマ・90分の演習を30コマ展開するということを一例として考えた場合に，演習のねらいや目標，学生が取り組むべき課題，理解・習得すべき内容をふまえ，支援ツール活用の演習をどのように位置づけ，展開するのか，説得できる詳細な検討を積み重ねなければならない．そのためには，そもそも精神保健ソーシャルワーカーとして，養成校における演習教育の中で，習得すべきスキル内容を吟味し，そのための教育内容・方法・教材等を整備していかなければならない．筆者はこれまでそれらを教育経験として積み重ねてきたが，詳細に検討し，納得いくものとして提示していかなければならない喫緊の課題がある．今回提示した新しい演習展開の方法である，支援ツール活用による演習展開を中核に位置づけることにより，精神保健ソーシャルワーク実践において重要な，家族支援スキルやグ

Ⅶ——本研究の評価とこれからの課題

表Ⅶ-1 指定科目とソーシャルワーク実践の構成要素との関係(筆者作成)

	科目名	価値	知識	方策	方法
1	精神医学		○	△	
2	精神保健学		○	△	
3	精神科リハビリテーション学		○		○
4	**精神保健福祉論**	◎	◎	◎	○
5	社会福祉原論	○	○	△	
6	社会保障論			○	
6	公的扶助論			○	
6	地域福祉論		○	○	△
7	**精神保健福祉援助技術総論**	○	○		◎
8	**精神保健福祉援助技術各論**		○		◎
9	**精神保健福祉援助演習**	○			◎
10	**精神保健福祉援助実習**	○	△	△	◎
11	医学一般		○		
12	心理学		○		
12	社会学		○		
12	法学		○	○	

ループを形成し展開するスキル,また,地域展開のスキルや精神障害者ケアマネジメント手法などを組み入れた,演習授業全体の展開方法を確立し,主張していけるものと思っている。

付け加えて,精神保健ソーシャルワーカー養成は,演習授業を展開することで完結するものではない。いわゆる講義科目と,現場における実習およびその事前・事後にわたる指導を含め,講義と演習と実習という3つの授業形態にわたる,包括・統合的な精神保健ソーシャルワーク実践教育が展開されなければならない。

表Ⅶ-1は,精神保健福祉士国家試験受験資格取得のために単位取得しなければならない科目,いわゆる「指定科目」について,精神保健福祉士(精神保健ソーシャルワーカー)としての意味を,ソーシャルワーク実践の構成要素である「価値」・「知識」・「方策」・「方法」の4要素との関連から整理したものである。(精神保健福祉士としてのソーシャルワーク展開に直接関係のある5教科目を太字で表示した。また,◎,○,△の記号は,4構成要素との関連の

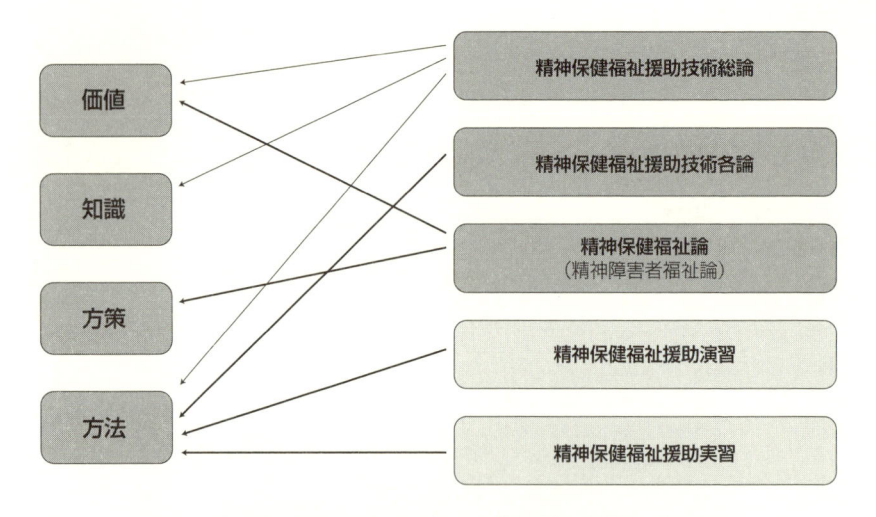

図Ⅶ-1　精神保健福祉士・主要5科目と4構成要素との関係（筆者作成）

強さを意味している。）また，図Ⅶ-2も同様に，精神保健福祉士の「指定科目」のうち，ソーシャルワーク実践と直接関係する「主要5科目」について，ソーシャルワーク実践の4構成要素との関係を示したものであり，関係の強さを線の太さで表現している。

　精神保健福祉士が国家資格制度化されて10年が経過し，4年制大学を中心に，指定科目を配置した養成校の数は増加し，教育が展開されているが，この間，教育目標・内容・方法・教材等について，充分に検討され進められてきている状況を確認することができない。厚生労働省により示された目的や内容に準じ，公刊されたテキスト類や，社会福祉士養成教育において積み重ねられてきた内容を参照しつつ，独自の方法で，暗中模索の状態の中で展開されてきている事実を否定することはできないであろう。とりわけ，ソーシャルワーカーとしての精神保健福祉士として，図示したようなソーシャルワーク実践の視点から，検討が加えられたことは皆無に等しい。

　実践能力をもった精神保健ソーシャルワーカー養成を考えた場合，講義科目，演習科目，実習科目それぞれの関連を強く意識した教育展開を実践しなければならない。その際，ソーシャルワーク実践の視点から，改めて，各教科目のねらいや意義，内容を再検討・精査し，具体的な目標・課題を提示し，そのため

Ⅶ——本研究の評価とこれからの課題

表Ⅶ-2 精神保健福祉士養成主要科目の重点内容（筆者作成）

	価値	知識	方策	方法
精神保健福祉論	■ノーマライゼーション理念 ■精神障害者の人権	■障害者への理解	■障害者施策 ■精神保健福祉法 ■精神保健福祉士法 ■関連施策	■権利擁護の方法
精神保健福祉援助技術総論	■ソーシャルワークの価値 ■ソーシャルワーク実践の倫理	■人間への理解 ■環境への理解		■ジェネラル・ソーシャルワーク ■実践モデルの内容 ■支援レパートリーの内容
精神保健福祉援助技術各論				■ジェネラル・ソーシャルワークの方法 ■支援レパートリーの方法 ■精神保健ソーシャルワークの内容・方法 ■各種実践アプローチの内容
精神保健福祉援助演習		■生活実体の内容	■社会資源の活用	■自己理解・他者理解 ■コミュニケーション・スキル ■利用者理解の方法 ■生活の把握方法 ■支援レパートリーの展開方法 ■各種実践アプローチの活用
精神保健福祉援助実習		■精神障害者の生活の実際	■精神保健福祉施策の実際	■コミュニケーション，面接の実際 ■利用者理解の実際 ■生活理解の実際 ■支援レパートリー展開の実際 ■各種実践アプローチの活用の実際

　の方法や教材・ツールを整備していかななければならない一大課題がある。
　表Ⅶ-2は，現段階ではあくまでも試案であるが，精神保健福祉士養成の主要5科目について，その重要内容の項目を，ソーシャルワーク実践の4構成要素に照らして，当てはめ，整理したものである。今後，このような視点から具体的で詳細な検討をおこない，科目間の調整やすり合わせを進めつつ，内容や方法，教材・ツールを整備することが，実践能力をもった精神保健ソーシャルワーカー養成を推進することができ，社会からの期待に応えることにつなが

るものと考えられる。

2 ソーシャルワーク実践教育へのフィードバック

本論は，エコシステム構想にもとづき，ソーシャルワーク実践教育をいかに展開するのか，その際，精神保健ソーシャルワーカー養成過程を一例として，具体的には，演習授業展開に，教育支援ツールを活用するという新しい方法を提示し，検討を実施したものであり，演繹的展開方法から成立している。当然のことながら，今回の成果から，帰納的な展開を継続して実践していかなければならない。つまり，精神保健ソーシャルワーカー養成課程での展開から得られた成果と課題を確認し，解決しつつ，ソーシャルワーク実践教育へと帰納的展開方法としてフィードバックされていかなければならない。具体的にわが国

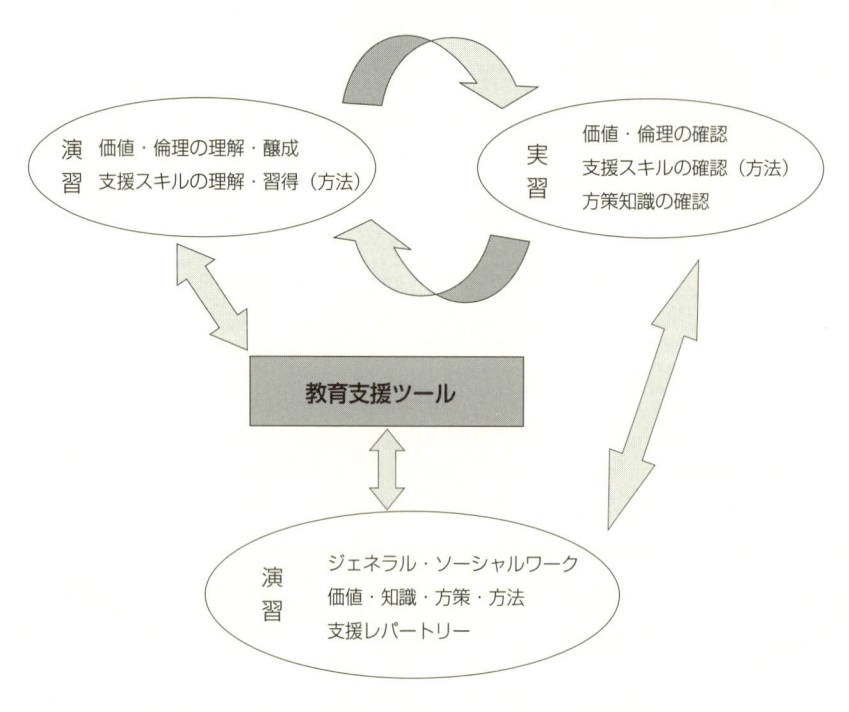

図Ⅶ-2　**支援ツール活用による講義・演習・実習の関連**（筆者作成）

の実状に照らしていえば、社会福祉士養成過程でのソーシャルワーク実践教育場面における、「ジェネラリスト・ソーシャルワーカー」を養成する教育展開場面へと普遍化していく必要がある。ソーシャルワーカーとしての支援スキルを獲得する新しい方法として、支援ツールを活用した演習展開方法が、説得力をもって位置づけられることを志向し、講義科目・演習科目・実習科目の関連を考え、包括・統合的なソーシャルワーク実践教育を構築していかなければならない。

図Ⅶ-2に、支援ツールの活用による包括・統合的なソーシャルワーク実践教育における講義・演習・実習の関連を示したが、「ソフト福祉」への期待が高まる今日、実践能力を有したソーシャルワーカーを養成することは喫緊の課題であり、今回の成果と課題を下敷きに、早急に取り組んでいかなければならない課題である。

また、前章第1節で言及したが、ソーシャルワーク実践教育には、現任のソーシャルワーカーが実践能力や支援スキルを維持・向上に貢献していかなければならないという使命がある。さらに付け加えるならば、困難な課題ではあるが、ソーシャルワーク実践の展開領域は多様であり、それぞれの展開領域に応じた、それぞれの利用者に実感としての成果をもたらすことを可能にする、基礎・基盤から、特殊・応用へのソーシャルワーク実践教育も不可欠である。これらのことを意識し、包括・統合的なソーシャルワーク実践教育の構築を目指し、今後、取り組むべき課題を展望するならば、

　①人間の生活実体を包括・統合的にとらえる一般・共通構成子の検討
　②多様な利用者の特性実体にせまり、把握を可能にする個別・展開構成子の検討
　③それらを組み入れた支援ツールのバージョンアップ
　④支援ツール活用によるスキル・トレーニング・モジュールの構築

等を設定することができ、どれひとつとっても達成に至るまでには遠大な課題であるが、継続的にチャレンジしていかなくてはならない。

3 ソーシャルワーク実践の科学的展開

　ソーシャルワーク実践の究極的目標が利用者の自己実現にあり，「ソフト福祉」の充実が求められている今日，生活支援としてのソーシャルワーク実践には，強い期待が向けられ，その成果を示すことが強く求められている。本論は，ソーシャルワーク実践教育に焦点化され，展開してきたわけであるが，当然のことながら，そのことを意識してのことである。包括・統合的なソーシャルワーク実践教育が展開され，実践能力を有したソーシャルワーカーが養成・輩出され，また，現任ソーシャルワーカーの支援スキルが維持・向上されることにより，ソーシャルワーク実践が科学的に展開され，具体的成果として，実存性を確保し，利用者自らが生活上の課題を解決し，生活を改善・再建・維持・向上を実現できることにつながる。

　昨今，ソーシャルワーク実践領域では，盛んに「ケアマネジメント手法」が用いられている。また利用者理解のためのアセスメントでは，「エコマップ」や「ジェノグラム」，利用者の「タイムチャート」といったツールが活用される。家族支援においては，たとえば，「システムズ・アプローチ」が用いられ，さらには，「エンパワーメント・アプローチ」や「ストレングス視点にもとづく実践」，「ナラティブ・アプローチ」など注目が寄せられている方法もある。個々のソーシャルワーカーは，個々の専門的判断により，これらの方法やツールを採用し実践を展開している。このような場合，ソーシャルワーカーの実践は「科学的に展開すること」に該当するであろうか。その一方で，依然として「勘と経験知」に依拠した実践が展開されている現実も否定することができない。

　実践の科学的展開とは，裏付けとなる理論と構想をもち，充分に検証された結果があり，内容・方法が整備されたものでなければならない。それは，一連のソーシャルワーク支援過程を終始一貫できる方法であり，さらに付加すれば，実存性を保つことができ，昨今の支援原理である「利用者と支援者の参加と協働体制」のもとで展開できる方法であることが必要であろう。

　このような観点から，本論における成果や課題を，「ソーシャルワーク実践の科学的展開」という一大課題に結びつけ，整理するならば，

Ⅶ──本研究の評価とこれからの課題

①利用者の生活特性をとらえ，生活実体をリアルに理解する枠組み
②生活実体への断片的理解から包括・統合的理解に迫る方法
③生活の変化・変容過程と支援課題変化を把握する方法
④支援焦点を明確化する方法
⑤参加と協働体制で，支援を展開する方法

を構築していく具体的道筋を明示できたことを成果としてあげることができる。その上で，図Ⅶ-3に，支援ツールを活用したソーシャルワーク実践展開を示したが，ソーシャルワーク実践の科学的展開の推進を目指し，一連のソーシャルワーク支援過程を通じて，利用者と支援者が参加と協働する体制のもと，理論と構想と検証に裏付けられた支援ツールを活用することを具体的課題として取り組んでいかなければならない。支援ツール活用により，自らの実感を重

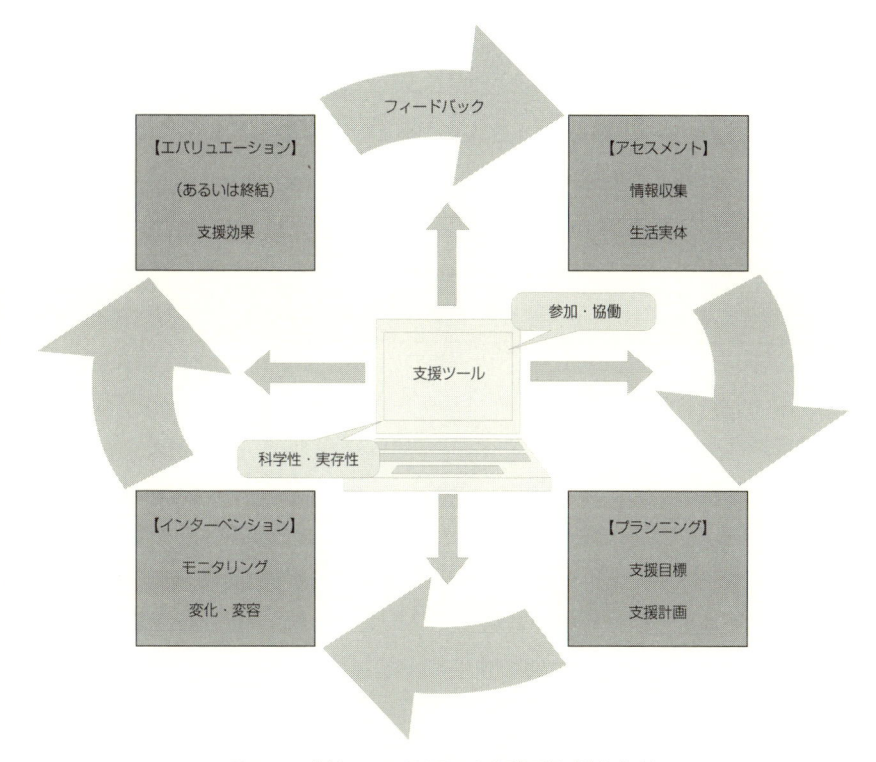

図Ⅶ-3 **支援ツールを活用した実践展開**（筆者作成）

視する利用者と専門的判断とかかわりを提供する支援者双方へ，科学的に整理された情報が提供され，そこから共通理解を得，協働体制を維持しながら，自己決定過程を保障した上で，支援過程を推進していくことが可能になる。

そこで今後は，
　①複雑で多様な動態としての生活実体をリアルに把握・理解する方法の推進
　②具体的支援展開場面での「支援ツール」の活用推進
　③ソーシャルワーク実践教育の包括・統合的展開方法の構築
　④包括・統合ソーシャルワークの普及推進

といった継続課題に取り組み，理論と方法，研究と実践の応答・循環過程を推し進め，「ソーシャルワーク実践の科学的展開」の確立と，その成果を支援方法，構想・理論へと普遍化し，「ソーシャルワークの科学化」を推進していくことに，一層の努力を傾注していかなければならない。その取り組みを継続することにより，ソーシャルワークに向けられた社会的期待へ応答することが可能となり，利用者への生活支援と自己実現への支援に，具体的成果をもたらすことができると考えている。

補 遺

　本書の中で展開された研究の中核は，2005年時点のものであるが，その後の数年間で，実践・研究・教育の面で様々な変化が生じてきた。ここではそれら諸点について，精神保健ソーシャルワーク領域に焦点化し，今後取組むべき課題として整理しておきたい。

1　施策動向

　わが国の精神障害者への対策は，欧米先進諸国のそれと対比し，遅れていることが継続的に指摘されてきた。そのような中，1993年に改正された「障害者基本法」により精神障害者が，身体障害者や知的障害者同様に「長期にわたり日常生活又は社会生活に相当な制限を受ける者」として位置づけられ，障害者施策の対象となった。周知のようにそれ以降，様々な施策が講じられ，それでも不充分であるとの見解は多く見られるものの，具体的サービスメニューは拡大してきた。またその過程の中で，1997年に「精神保健福祉士法」が成立し，精神科病院や社会復帰を目的とした施設において，精神障害者への相談援助を展開するソーシャルワーカーが国家資格化された。現在では4万人に迫る資格取得者が存在し，実践を展開している。

　精神保健医療福祉の施策は，その後「精神保健および精神障害者福祉に関する法律」（以下，精神保健福祉法）の数回にわたる改正がおこなわれ，賛否両論あるにせよ，充実基調の中で変化してきている。そのような中，2005年に成立した「障害者自立支援法」は，その成立の過程を含め，特にサービス内容や自己負担問題等に多くの疑問が投げかけられている制度であり，実践現場に相

当のインパクトを与えることになった。2009年度は見直しの年度にあたるが，その動向を注視していかなくてはならない。

　2004年9月に厚生労働省精神保健福祉対策本部による『精神保健福祉の改革ビジョン』（以下，改革ビジョン）は，その後10年間の精神保健医療福祉施策のあり方，方向性を示したものであるが，そこでは，「入院医療中心から地域生活支援中心へ」という基本的方策を推進するために，約7万人の受入条件が整えば退院可能な者についての退院（病床の減少），そのための精神病床の機能分化，地域生活支援体制の強化，国・都道府県・市町村による計画的取組み，国民意識の変革等がうたわれ，実際に取組まれてきた。2008年11月には，改革ビジョンの後期5か年を見据え，『今後の精神保健医療福祉のあり方等に関する検討会（中間まとめ）』（以下，中間まとめ）が公表された。これは今後，上述した障害者自立支援法の見直しと直接的に結びつきながら推進されていく重点施策についてその方向性が示されたものである。さらなる精神障害者の地域生活への移行と地域生活の支援体制の充実がその中核であり，詳細は割愛するが，相談支援の充実強化，そこでのケアマネジメント機能や地域自立支援協議会の機能の充実，障害福祉サービスと保健医療サービスとの密接な連携と複合的なサービス提供体制の充実が柱となっている。引き続き精力的な検討がなされ，役割分担のもと，障害者自立支援法と精神保健福祉法の改正が実行に移されることになろう。

　もうひとつ施策動向として強調したい点があるが，この間の精神障害者の就労支援，雇用対策への取組みである。地域生活への移行，「自立」した地域生活の継続，また気分障害等の復職支援等いくつかの要点があるが，相談体制やサービスメニュー等は充実する傾向にあり，公表される数値によれば，精神障害者の就労は拡大する傾向にある。今後は，『障害者の権利条約』の批准，その後の法制度の対応（たとえば，障害者の雇用の促進等に関する法律や障害者自立支援法）等とも直接的に関連するが，より一層の施策的充実が望まれるところであろう。

2 精神保健福祉士法をめぐる動向

　精神保健福祉士が国家資格化されて10年が経過したが，社会からの期待はますます高まっている。2008年10月,『精神保健福祉士の養成の在り方等に関する検討会中間報告書』(以下，中間報告書)が公表された。これはすでに改正された『社会福祉士及び介護福祉士法』との関連で精神保健福祉士の見直しをおこなうという事情もあるが，積極的には，資格化後10年間の精神保健医療福祉をめぐる変化にともない，精神保健福祉士に求められる，あるいは果たすべき役割の変化・拡大に呼応するものといえる。

　中間報告書では，前述した改革ビジョンにもとづく施策の展開において，必ずしも長期入院者の地域移行（退院）が進んでいない現状をふまえつつ，地域移行，社会復帰，地域生活支援を担う精神保健福祉士の役割が一層重要になっていること，また，国民が抱える精神保健の課題が拡大したことにより，職域の拡大（司法領域や労働領域など）や支援内容が多様化（これは支援対象の多様化でもあり，これまでの統合失調症に加え，ストレス関連障害，認知症，発達障害等へと広がってきている）し，精神保健福祉士の役割が拡大してきたことを強調している。

　今後は，地域移行とともに継続した地域生活支援を展開するにあたって，多様なニーズを理解し，効果的にサービスを提供できることが期待され，法改正にあたっては，精神保健福祉士の役割の理解の強化，人権に尊重した職務遂行（いわゆる誠実義務），他職種・関係機関との連携等，さらには演習・実習の水準確保を含めた養成カリキュラムの充実，資格取得後の資質向上等について，具体的に見直されていくものと思われる。

3 これからの課題

　そこで，精神保健ソーシャルワークをめぐる実践的課題について，上述した動向をふまえた上，列挙しておくことにしたい。
　①精神保健医療福祉領域におけるソーシャルワーク実践の実状は，ますます専門分化する傾向にある。それは一方で,「実践の分断化」を意味し

ている。そこで,ソーシャルワーク理論において基本的潮流となっている「ジェネラリスト・ソーシャルワーク」(「ジェネラル・ソーシャルワーク」「包括・統合ソーシャルワーク」)の視点から,精神保健ソーシャルワークを再検討・再構築する理論的課題がある。

②精神保健ソーシャルワーク実践(精神保健福祉士による実践)における実践概念として今後は,「リカバリー recovery」[1],「ストレングス strengths」[2],「エンパワメント empowerment」がその中核となるであろう。そこで,それらの内容をふまえた上での具体的実践内容を構築していく必要がある。

③上記の実践概念によれば,その実践は,ミクロ-メゾ-マクロ領域への包括的な視野・視点をもち展開されることが求められることから,精神保健ソーシャルワーカーとして,制度や政策,具体的なサービス構築へのコミットメントも重要になるであろう。つまり,リハビリテーション・システムや就労支援システム,権利擁護システム等,さらにそれらを包括する意味での「地域生活支援システム」の構築に,積極的にコミットメントしていくことが求められるであろう。

④さらに,改革ビジョンやその後の中間まとめにも触れられているが,精神障害者の地域移行や地域生活支援の展開にあたっては,地域住民の理解が不可欠である。そのための普及啓発活動への取組みに関しては,ソーシャルワーカーとしてのこれまでの実績もあり,今後,社会的に期待される役割でもある。加えて,偏見の実態やスティグマの存在,その解消等についての実践的研究が求められるところである。

⑤一方で,ミクロ実践へのさらなる期待も高く,役割が拡大してきているところである。そのために,複雑多様な精神障害者の生活世界を把握・理解するためのアセスメント技術や,効果的にサービスを結びつけるケアマネジメント能力を高めていくとともに,これまでソーシャルワーク実践理論として積上げられてきた多様な「実践アプローチ」を,実際の支援過程の中で積極的に活用していくことを施行する必要があろう。そのことにより,利用者の抱える課題を解決に導き,利用者が実感できる成果をもたらすことになるであろうし,昨今重要視されている

「Evidence-Based Social Work」に直結するものと考えられる。
　いずれにしても，精神保健ソーシャルワーカー（精神保健福祉士）の今後の実践には課題が山積している。これまでの実践成果の積み重ねを振り返りつつ，昨今の施策動向を注視しながら，種々のチャレンジを継続していくことが必要となろう。

■注■

1) Ralph, R. O., & Corrigan, P. W. 2005. *RECOVERY IN MENTAL ILLNESS: Broadening Our Understanding of Wellness*, American Psychological Association. 野中猛(2006)『精神障害リハビリテーション論―リカバリーへの道』岩崎学術出版社　等を参照
2) Rapp, C. A., & Goscha, R. J. 2006. *The Strengths Model: Case Management with People with Psychiatric Disabilities, 2nd ed.*, Oxford University Press.（＝2008　田中英樹監訳『ストレングスモデル―精神障害者のためのケースマネジメント』金剛出版）等を参照

あ と が き

　本書は，2005年3月，龍谷大学大学院社会学研究科に提出した学位申請論文『エコシステム構想にもとづくソーシャルワーク実践教育の展開に関する研究―精神科ソーシャルワーカー養成教育を一例として』を一部修正・整理したものである。当初の出版計画では，『精神保健ソーシャルワーク実践と支援過程―エコシステム構想による包括・統合ソーシャルワークの展開』として大幅に改訂する予定であったが，諸般の事情により実現を断念した。

　そこでは，①「ジェネラル・ソーシャルワーク」「ジェネラリスト・ソーシャルワーク」「包括・統合ソーシャルワーク」といった昨今のソーシャルワークの包括理論を整理すること，②その上で，わが国における精神保健ソーシャルワーク実践を再考すること，③実践概念化とその具体的展開として「支援ツール」を精緻化すること，④ソーシャルワーク実践理論として関心が高まっている「実践モデル」や「実践アプローチ」について整理し，その活用について提示すること，⑤ソーシャルワーク・スーパービジョンについて整理し，具体的場面で活用できる「支援ツール」を提示すること等を目標にしていたが，今後の継続的研究課題として取組んでいくことにしたい。

　周知のように，社会保障・社会福祉をめぐりパラダイムの転換が起こり，制度・政策，具体的サービスの大改革が実施に移され，現在も進行中である。そのような中，「ソフト福祉」としてのソーシャルワーク実践活動，その担い手である社会福祉士や精神保健福祉士といった専門職の役割や業務遂行等にも変化の波が押し寄せている。そのような局面であるからこそ，ソーシャルワークの実践・研究・教育をめぐって山積している課題の解決を推進していかなければならない。結果としてソーシャルワークは，種々の社会的要請に応答し，実践力をもって，利用者の抱える課題を解決し，利用者が実感できる成果をもたらしていかなければならない。大げさに言えば，本書で展開されている研究実践はそのような「信念」にもとづいた途中経過である。今後も継続的なチャレンジに傾注していきたいと考えている。

　本書は著者にとってはじめての単著による出版となった。不充分な内容であ

ることは大いに自覚するところであるが，ここまでのプロセスの中で，実に多くの方々に有形・無形にお世話になった。

　関西福祉科学大学大学院の太田義弘先生には，龍谷大学大学院在籍時，学位取得までの道程で言葉に表現することは到底できない教えと支援をいただいた。思い起こせば太田先生とは，北星学園大学文学部ゼミ生時代から20数年にわたり継続して，お世話になり続けている。ソーシャルワークへの関心を導いてくださったのは太田先生であり，横道にそれ，時に投げ出しそうになる筆者をいつも温かい眼差しで見守って下さっている。先生の学問研究，教育への姿勢には，今もってなお学び続けているところである。また学位取得時には，主査をしていただいた龍谷大学・川田誉音教授，副査をしていただいた亀山佳明研究科長（当時）にもひとかたならぬ支援をいただいた。ここに改めて感謝するところである。

　中村佐織・京都府立大学教授，丸山裕子・桃山学院大学教授をはじめ「エコシステム研究会」のメンバー各位にも，筆者の研究内容を開陳する中で，適切かつ建設的なアドバイスをいただいた。また，教育研究者としての勤務先であった広島文教女子大学，北翔大学の諸先輩，同僚の方々にも，研究環境を整えて下さる等の配慮をいただき，感謝申し上げる次第である。現勤務先の北星学園大学は，筆者が学部，ソーシャルワーカーとして働きながら在籍した修士課程を通じ，薫陶を受けた大切な「場」であるが，特に，永田勝彦名誉教授，修士課程での指導教授であった松井二郎名誉教授，また米本秀仁教授には，時折，適切なアドバイスをいただき，方向性を見誤ることなく前進することができた。

　ソーシャルワーカー時代に出会った利用者・ご家族をはじめ多くの方々，また，多くの卒業生・ゼミ生にもこの場をお借りし感謝申し上げたい。多くの方々との出会いが，仕事のエネルギーにつながっていることを実感する日々である。

　出版事情がますます厳しくなる中，本書を発刊することができたのは，北星学園大学後援会から出版助成をいただいたことによる。記して謝すること大である。また編集の労をとっていただいた北大路書房編集部の北川芳美氏にも感謝申し上げたい。遅々として進まず，数年にわたってご迷惑をおかけした。

　私事をお許しいただき，母・紀子，妻・奈緒美，ふたりの娘・花菜，里花に

あとがき

も感謝したい。
　いまもってなお「ソーシャルワークとは何か」を明確に，自らの言葉で伝えることは難しい。この究極的目標の達成に向かって，決意を新たにしてチャレンジしていきたい。

　　　　　　　　　　　　　　　　　　　春の訪れの待ち遠しい札幌にて
　　　　　　　　　　　　　　　　　　　　　筆　者

資　料

生活のエコシステム情報（精神障害者生活支援版）質問項目と内容

Ⅰ　人間

1　**当事者**：利用者自身の身近な生活状況を固有な特性と抱えている問題から把握する主な項目と内容

(1) **特性**：利用者の特性を個別・自己・社会・自己統制力の構成子群から把握する項目と内容

　A　**個別特性**：当事者の社会生活に対するものの考え方，姿勢や態度，行動など。
　　①倫理特性：人に対する思いやりが大切だと考えていますか。
　　②機能特性：約束や規則を守るなどの対応ができていますか。
　　③社会特性：周りの人々との関係づくりを心がけていますか。
　　④行動特性：物事に対して積極的に関心を示し行動しますか。

　B　**自己認識**：当事者自らによる自己に対する考え方や理解など。
　　①自己への関心：今の自分自身に満足していますか。
　　②自己理解：今の自分自身を理解していますか。
　　③自己改善計画：自分自身の考え方や意見をもっていますか。
　　④自己改善努力：自分自身を変えようとしていますか。

　C　**社会認識**：当事者が出会う人々，出来事や社会に対する理解や関心など。
　　①社会への関心：人々との出会いや世間の出来事に関心はありますか。
　　②社会認識の状況：世間の出来事や動きに理解や知識はありますか。
　　③社会認識への計画：世間の動きや社会の変化についていく気持ちはありますか。
　　④社会認識への取組：近隣や地域などの催しや活動に参加や協力をしようと考えていますか。

　D　**社会的自律性**：当事者の，周りを見渡し自主的に物事に対応する姿勢や態度など。

①生きがい意識：自分で判断し行動する姿勢や態度をもっていますか。
　②目標の具体化：周りを見ながら物事を理解していますか。
　③目標達成計画：問題解決に取り組む気持ちや意欲をもっていますか。
　④目標達成努力：周りを見ながら自主的に行動しようとしていますか。

(2) 問題：問題状況を焦点・支障・緊急・程度の構成子群から把握する項目と内容

　A　焦点：最も問題となっていることへの，当事者の自覚や取組み状況など。
　　①焦点への関心：問題に向き合おうと考えていますか。
　　②焦点の現状：問題のいきさつや核心を理解していますか。
　　③焦点への対応：問題への取組みに改善の可能性はありますか。
　　④焦点への取組：問題への対応は進展していますか。

　B　社会的障碍：当事者が社会生活で経験する不便や不都合についての理解や対応など。
　　①障碍の自覚：社会生活で不便や不都合を感じていますか。
　　②障碍の現状：社会生活での不便や不都合が生じる要因を理解していますか。
　　③障碍改善策：社会生活での不便や不都合を軽減する可能性はありますか。
　　④障碍の克服：社会生活での不便や不都合を軽減しようとしていますか。

　C　緊急性：問題に対する当事者の緊急な対応の必要性や改善状況など。
　　①緊急性の自覚：問題への対応が緊急だと考えていますか。
　　②緊急性の現状：問題への対応の緊急性について理解していますか。
　　③緊急への対応：問題の緊急性が緩和される可能性はありますか。
　　④緊急への取組：問題の緊急性への対応を何か工夫していますか。

　D　具体性：当事者の問題状況と原因や経過に対する理解や対応状況など。
　　①問題の性質：問題状況の解決に関心がありますか。
　　②問題の現状：問題解決のために原因や経過を理解していますか。
　　③問題改善計画：問題状況が改善や解決に向かっていますか。
　　④問題改善努力：問題状況の改善や解決へ何か取組みをしていますか。

2　基盤：利用者自身の多様で特殊な生活基盤を健康とソーシャル・スキルから把握する主な項目と内容

資　料

(3) 健康：健康という基盤を病気・障害への理解・健康維持等の構成子群から把握する項目と内容

　A　病気理解：自らの病気への理解，重要性への認識，取組みなど（病識）
　　①病気理解への態度：病気を理解することの重要性を認識していますか。
　　②病気理解の現状：自分の病気を理解していますか。
　　③病気理解の見通し：自分の病気を充分に理解する見通しがありますか。
　　④病気理解への取組：自分の病気を充分に理解するための取組みができていますか。

　B　障害理解：自ら抱える障害への理解や受容，取組みなど（障害受容）
　　①障害理解への態度：自らの障害を理解することの重要性を認識していますか。
　　②障害理解の現状：自らの抱える障害を受け容れていますか。
　　③障害理解の見通し：自らの障害を受け容れていく見通しがありますか。
　　④障害理解への取組：自らの障害を受け容れる取組みができていますか。

　C　服薬管理：服薬を自己管理することへの認識，取組み，努力など
　　①服薬への自覚：服薬を継続することの重要性を認識していますか。
　　②服薬管理の現状：服薬は，自己管理のもとで継続されていますか。
　　③服薬管理の計画：服薬の自己管理を継続していく見通しがありますか。
　　④服薬管理の努力：服薬の自己管理を継続していく努力をしていますか。

　D　健康維持：健康状態を良好に維持していくことへの関心・計画など
　　①健康への関心：健康を良好な状態に維持していくことに関心がありますか。
　　②健康の現状：健康な状態を保てていますか。
　　③健康促進の計画：健康を維持・向上していく計画をもっていますか。
　　④健康促進への努力：健康を維持・向上していく努力をしていますか。

(4) ソーシャル・スキル：ソーシャル・スキルを身だしなみ，対人関係，社会資源利用などの構成子群から把握する項目

　A　パーソナルケア：整容，身だしなみ，清潔の保持など
　　①パーソナルケアの自覚：身だしなみや清潔の保持などに気を配ることに関心がありますか。
　　②パーソナルケアの現状：身だしなみや清潔の保持などに気を配っています

か。
　　　　③パーソナルケア改善の計画：整容や身だしなみなどを改善していく計画をもっていますか。
　　　　④パーソナルケアの改善努力：整容や身だしなみなどを改善していく努力をしていますか。
　　B　対人関係：当事者の対人関係能力，コミュニケーション能力など
　　　　①対人関係への関心：良好な対人関係の大切さを認識していますか。
　　　　②対人関係の現状：良好な対人関係をとることができていますか。
　　　　③関係改善の計画：良好な対人関係をとる方法を知っていますか。
　　　　④関係改善への取組：良好な対人関係をとる努力をしていますか。
　　C　社会資源活用：生活の維持・向上のための社会資源活用についてなど
　　　　①資源利用への関心：社会資源を活用することに関心がありますか。
　　　　②資源利用の内容：生活の維持・向上のために社会資源を活用していますか。
　　　　③資源利用の計画：社会資源を活用する計画をもっていますか。
　　　　④資源利用の取組：社会資源を活用するための取組みをしていますか。
　　D　生活管理：生活を継続・維持していくために必要な食生活，金銭管理などへの取組
　　　　①理への自覚：生活全般を自己管理していくことの重要性を認識していますか。
　　　　②管理の現状：日常生活を安定させるための生活管理ができていますか。
　　　　③管理の計画：生活全般を管理していく方法を知っていますか。
　　　　④管理への取組：生活全般を自己管理していくことに取組んでいますか。

　　Ⅱ　環　境

3　生活環境：身近な周辺環境を交流のある人的資源や社会的役割などの内容状況から把握する主な項目と内容

(5)　関係：生活環境における人的資源について，家族・近隣・友人などの構成子群から把握する項目
　　A　家族：当事者の家族との関係や支援見通しなど

①家族の姿勢：家族に問題解決に向けた支援への姿勢を感じますか。
②家族との関係：家族との関係は良好ですか。
③家族の支援見通し：家族に具体的支援を期待することができますか。
④家族の支援協力：家族は積極的に支援をおこなっていますか。

B　近隣：当事者に対する近隣の人々からの理解や協力状況など

①近隣の姿勢：近隣の人々との付合いに関心がありますか。
②近隣との関係：近隣の人々との関係は良好ですか。
③近隣の支援見通し：近隣の人々の協力を期待することはできますか。
④近隣の支援協力：近隣の人々の理解や協力が得られるよう何か配慮していますか。

C　友人：当事者に対する友人や知人からの理解や協力状況など

①友人の姿勢：友人や知人との付合いに関心がありますか。
②友人との関係：友人や知人との関係は良好ですか。
③友人の支援見通し：友人や知人の協力を期待することはできますか。
④友人の支援協力：友人や知人の協力が得られるよう何か配慮していますか。

D　身近な支援者：ボランティアなどの身近な支援者からの理解と協力状況など

①支援者の姿勢：ボランティアなど身近な支援者の活動に理解や関心がありますか。
②支援者の現状：ボランティアなど身近な支援者の協力を得ていますか。
③支援者の計画：ボランティアなど身近な支援者を問題解決に活用する可能性はありますか。
④支援者の活用：ボランティアなど身近な支援者の協力を得るために何か対応していますか。

(6) 内容：生活環境における内容状況を社会的役割や生計状況といった構成子群から把握する項目と内容

A　社会的役割：当事者の職業生活，施設や作業所，セルフヘルプグループなどにおける役割

①役割への関心：何らかの社会的役割を担うことに積極的ですか。
②役割遂行内容：現在，何らかの社会的役割を担っていますか。
③役割遂行の計画：何らかの社会的役割を担っていく見通しがありますか。

④役割の遂行努力：社会的役割を担っていく努力を積極的におこなっていますか。

B　生計状況：当事者の生計，家計，経済的状況など
①生計への姿勢：生計を維持していくことは大切だと考えていますか。
②生計の現状：生計・経済状況は安定していますか。
③生計の維持計画：生計を維持していく計画がありますか。
④生計の維持努力：生計を維持していくために工夫をしていますか。

C　住環境：住まいの環境維持への関心，計画，工夫など
①住環境への関心：住まいの環境を維持することに関心がありますか。
②住環境の現状：住まいの環境は良好に保たれていますか。
③住環境の維持計画：住まいの環境を維持していく見通しがありますか。
④住環境の維持努力：住まいの環境を維持していく工夫をしていますか。

D　余暇活動：余暇活動への関心，取組みなど
①余暇活動への関心：余暇活動を充実させることに関心がありますか。
②余暇活動の内容：現在，何らかの余暇活動に取り組んでいますか。
③余暇活動の計画：余暇活動に積極的に取組む計画がありますか。
④余暇活動の展開：余暇活動を続けていく工夫をしていますか。

4　支援体制：支援体制を各種社会サービスや社会参加の内容・状況といった構成子群から把握する項目

(7)　サービス：行政・医療・施設・在宅のサービスから社会サービスの体制を把握する項目

A　行政サービス：福祉事務所，精神保健福祉センター，保健所，障害者職業センターなど
①行政サービスの姿勢：行政サービスには利用者中心の支援姿勢が感じられますか。
②行政サービスの現状：行政サービスは利用者ニーズに応えていますか。
③行政サービスの活動計画：今後，行政サービスが改善・充実される見通しがありますか。
④行政サービスの展開：行政サービスは改善・向上されていますか。

B 医療サービス：病院・クリニック・デイケアなどの医療サービスの体制
　①医療サービスの姿勢：利用者中心のサービスをこころがける姿勢を感じますか。
　②医療サービスの現状：医療サービスは利用者のニーズに応えていますか。
　③医療サービスの活動計画：今後，医療サービスが改善・充実される見通しがありますか。
　④医療サービスの展開：医療サービスは改善・向上されていますか。

C 福祉施設サービス：地域生活支援センターなどの社会復帰施設や作業所といった　福祉施設サービスの姿勢や体制
　①福祉施設サービスの姿勢：利用者中心のサービスをこころがける姿勢を感じますか。
　②福祉施設サービスの現状：福祉施設サービスは利用者のニーズに応えていますか。
　③福祉施設サービスの活動計画：福祉施設サービスが改善・向上していく見通しがありますか。
　④福祉施設サービスの展開：福祉施設サービスは改善・向上していますか。

D 在宅生活支援サービス：ホームヘルプサービスや食事宅配サービスなど体制
　①在宅サービスの姿勢：利用者中心のサービスをこころがける姿勢を感じますか。
　②在宅サービスの現状：在宅生活を支援するサービスは利用者のニーズに応えていますか。
　③在宅サービスの活動計画：在宅生活支援サービスが改善・充実していく見通しがありますか。
　④在宅サービスの展開：在宅生活支援サービスは改善・充実していますか。

(8) 社会参加：社会参加の状況や内容を専門支援者・ピアサポートなどの構成子群から把握する項目と内容

A 専門支援者：ソーシャルワーカーなどの専門支援者との関係
　①専門支援者の姿勢：専門支援者に利用者中心の支援姿勢を感じますか。
　②専門支援者の現状：専門支援者は利用者のニーズに応えた適切な支援をおこなっていますか。

③専門支援者の支援計画：専門支援者は適切なサービスの提供や改善を考えていますか。

　④専門支援者の取組：専門支援者は適切なサービス提供への整備や改善に取組んでいますか。

B　ピアサポート：同じ問題や課題を相談できる仲間や場所

　①ピアサポートへの関心：互いに相談し合える仲間や場所が必要だと考えていますか。

　②ピアサポートの現状：互いに相談し合える仲間の理解や協力を得ていますか。

　③ピアサポートの支援見通し：互いに相談し合える仲間のネットワークは役に立っていますか。

　④ピアサポートへの参加：仲間や場所とのつながりをもつために何か工夫していますか。

C　社会的活動：地域での様々な活動に対する関心，参加計画など

　①社会的活動への関心：地域での社会的な活動に関心がありますか。

　②社会的活動の実状：地域には参加可能な社会的活動がありますか。

　③社会的活動への参加計画：地域での社会的な活動に参加する計画がありますか。

　④社会的活動の展開：地域での社会的な活動に参加する努力をしていますか。

D　権利擁護：当事者の権利が保障・擁護される仕組みや体制など

　①権利擁護の機運：周りでは権利を擁護することへの機運が高まっていると感じますか。

　②権利擁護の実状：権利が充分に擁護されている現状にありますか。

　③権利擁護の制度：権利を擁護する仕組みや体制が整っていますか。

　④権利擁護への取組：周りでは権利を擁護する積極的取組みが展開されていますか。

資　料

図表一覧

頁	図・表No.	図・表のタイトル
4	表Ⅰ-1	精神障害者支援の課題
8	表Ⅰ-2	本論の構成
14	図Ⅱ-1	ジェネラル・ソーシャルワーク
16	図Ⅱ-2	ジェネラル・ソーシャルワークとソーシャルワーク旧三分法との関連
17	図Ⅱ-3	生活のエコシステム
18	図Ⅱ-4	生活のエコシステム過程図
20	表Ⅱ-1	精神保健福祉法制の変遷と援助・支援の視点・実践モデル
33	図Ⅲ-1	精神障害における疾患と障害の構造
34	図Ⅲ-2	ICFの生活機能と障害のモデル
35	表Ⅲ-1	日常生活で自信のないこと
36	表Ⅲ-2	社会復帰活動と生活支援活動
42	図Ⅳ-1	エコシステム構想の概要
43	表Ⅳ-1	生活のエコシステム情報の構成と内容
47	図Ⅳ-2	支援ツールの目的
52	表Ⅳ-2	精神障害者ケアガイドライン作成の意義とその理念
52	表Ⅳ-3	精神障害者ケアガイドラインの原則
53	表Ⅳ-4	ケアマネジメント導入の意義
54	表Ⅳ-5	ケアアセスメント表の構成
56	図Ⅳ-3	自律生活再構築アプローチ生成図
59	図Ⅳ-4	精神障害者の生活システム構成
60	表Ⅳ-6	生活のエコシステム情報／精神障害者生活支援版
61	図Ⅳ-5	支援ツールを活用した参加と協働による精神科ソーシャルワーク実践
64	図Ⅳ-6	第1次スキャニング結果①（8構成）
65	図Ⅳ-7	第1次スキャニング結果②（サービス構成の内容）
67	図Ⅳ-8	第2次スキャニング結果①（8構成）
68	図Ⅳ-9	第1次と第2次の変容（サービス構成の内容）
70	図Ⅳ-10	3年間の生活の変容状況①（8構成）
71	図Ⅳ-11	3年間の生活の変容状況②（8構成レーダーチャート）
71	図Ⅳ-12	(5) 関係の変容
72	図Ⅳ-13	(8) 社会参加の変容
73	図Ⅳ-14	実践の展開過程
74	図Ⅳ-15	支援ツールの活用
81	表Ⅴ-1	戦後のソーシャルワーク実践教育関連事項
83	表Ⅴ-2	社会福祉教育カリキュラム基準
85	表Ⅴ-3	社会福祉専門職員養成基準

157

頁	図・表No.	図・表のタイトル
93	表Ⅴ-4	精神障害者の保健及び福祉に関する科目
94	表Ⅴ-5	「精神保健福祉論」の目標及び内容
95	表Ⅴ-6	「精神保健福祉援助技術総論」の目標及び内容
96	表Ⅴ-7	「精神保健福祉援助技術各論」の目標及び内容
97	表Ⅴ-8	「精神保健福祉援助演習」の目標及び内容
97	表Ⅴ-9	「精神保健福祉援助実習」の目標及び内容
107	表Ⅵ-1	マクメイアンの基本的スキル
109	図Ⅵ-1	教育支援ツールの初期画面
110	図Ⅵ-2	演習授業の様子
111	図Ⅵ-3	アセスメント初期画面
112	図Ⅵ-4	情報入力画面
112	図Ⅵ-5	グラフ表示条件指定画面
113	図Ⅵ-6	帳票表示条件設定画面
113	図Ⅵ-7	帳票表示のイメージ
116	表Ⅵ-2	演習対象のプロフィール
117	表Ⅵ-3	演習プログラム
120	図Ⅵ-8	変容過程への理解①
120	図Ⅵ-9	変容過程への理解②
121	図Ⅵ-10	グループ間の差異①
121	図Ⅵ-11	グループ間の差異②
122	図Ⅵ-12	教員との比較①
123	図Ⅵ-13	教員との比較②
124	表Ⅵ-4	アンケート項目
125	表Ⅵ-5	アンケート集計結果
131	表Ⅶ-1	指定科目とソーシャルワーク実践の構成要素との関係
132	図Ⅶ-1	精神保健福祉士・主要5科目と4構成要素との関係
133	表Ⅶ-2	精神保健福祉士養成主要科目の重点内容
134	図Ⅶ-2	支援ツール活用による講義・演習・実習の関連
137	図Ⅶ-3	支援ツールを活用した実践展開

文　献

阿部志郎（2003）「社会福祉教育のグランドデザインを描く」『社会福祉研究』86　17-21頁
足立叡（1992）「社会福祉教育における臨床的視点―社会福祉の専門性と『援助技術論』をめぐって」『淑徳大学研究紀要』26　85-107頁
秋元美世・大島巌ほか編集（2003）『現代社会福祉辞典』有斐閣
秋山薊二（1998）「ジェネラル・ソーシャルワークの基本的立場と方法」『ソーシャルワーク研究』24(1)　11-16頁
秋山智久（2000）「日本における社会福祉専門職」一番ヶ瀬康子・田端光美編『世界の社会福祉7　日本』旬報社　334-356頁
Allness, D. J., & Knoedler, W. H.(Eds.). 1999. *The PACT Model of Community-Based Treatment for Person with Severe and Persistent Mental Illnesses: A Manual for PACT Start-Up*, NAMI.（=2001　亀島信也・神澤創監訳『PACTモデル―精神保健コミュニティプログラム』メディカ出版）
青井和夫・松原治郎・副田義也編（1971）『生活構造の理論』有斐閣双書
Austrian, S. G. 1995. *Mental Disorders, Medications, and Clinical Social Work*,Columbia University Press.
Brower, A. M. 1988. Can the ecological systems model guide social work practice?, *Social Service Review*, 62, pp.411-429.
Butrym, Z. T. 1976. *The Nature of Social Work*, The Macmillan Press.（=1986　川田誉音訳『ソーシャルワークとは何か―その本質と機能』川島書店）
Younghusband, E. 1978. *Social Work IN BRITAIN 1950-1975*, George Allen and Unwin, Ltd.（=1986　本出祐之監訳『英国ソーシャルワーク史1950-1975　下』誠信書房）
福祉士養成講座編集委員会編集（2003）『新版社会福祉士養成講座8　社会福祉援助技術論Ⅰ（第2版）』中央法規出版
藤井達也（1999）「『生活支援』論の形成過程と今後の課題―谷中輝雄の生活支援論の可能性」谷中輝雄・三石麻友美・仁木美知子ほか『生活支援Ⅱ―生活支援活動を創り上げていく過程』やどかり出版　257-278頁
藤井達也（2004）『精神障害者生活支援研究―生活支援モデルにおける関係性の意義』学文社
藤村尚宏（1998）「精神科領域からみたソーシャルワーク教育」『ソーシャルワーク研究』24(2)　105-110頁
古川孝順（1997）『社会福祉のパラダイム転換』有斐閣
G. 渡邊律子（1998）「ソーシャルワーク教育におけるジェネラリストの視点―直接実践教育における米国の試み」『ソーシャルワーク研究』24(1)　31-46頁
G. 渡部律子（2002）「ジェネラリスト・ソーシャルワークとは何か（基調講演）」『ソーシャルワーク研究』28(2)　95-106頁
Greif, G. L. 1986. The ecosystems perspective "Meets the press", *Social Work*, 31, pp.225-226
橋本満（1998）「中範囲理論の構想力」高坂健次・厚東洋輔編『理論と方法（講座社会学1）』東京大学出版　133-164頁
比較家族史学会編（1996）『事典・家族』弘文堂
平山尚・平山佳須美・黒木保博・宮岡京子（1998）『社会福祉実践の新潮流―エコロジカル・システム・アプローチ（MINERVA福祉専門職セミナー④）』ミネルヴァ書房
平山尚・武田丈・藤井美和（2002）『ソーシャルワーク実践の評価方法―シングル・システム・デザイ

ンによる理論と技術』中央法規出版
昼田源四郎編（1995）『分裂病者の社会生活支援』金剛出版
Hoffman, K. S., & Sallee, A. L. 1994. *SOCIAL WORK PRACTICE: Bridges to Change*, Allyn and Bacon.
Holahan, C. J., Wilcox, B. L., Spearly, J. L., & Campbell, M. D. 1979. The ecological perspective in community mental health, *Community Mental Health Review*, 4, pp.1-9.
堀越由紀子（2002）「社会福祉援助技術演習の意義―実践家の立場から」『ソーシャルワーク研究』28(3)　182-189頁
稲沢公一（1999）「生活支援の援助モデル―変容モデルと支援モデル」谷中輝雄・三石麻友美・仁木美知子ほか『生活支援Ⅱ―生活支援活動を創り上げていく過程』やどかり出版　279-300頁
一番ヶ瀬康子・小川利夫・大橋謙策編著（1990）『シリーズ福祉教育6　社会福祉の専門教育』光生館
一番ヶ瀬康子・大橋謙策編（1993）『シリーズ福祉教育7　福祉教育資料集』光生館
一番ヶ瀬康子・大友信勝・日本社会事業学校連盟編（1998）『戦後社会福祉教育の五十年』ミネルヴァ書房
伊藤淑子（1996）『社会福祉職発達史研究―米英日三ヶ国比較による検討』ドメス出版
伊藤淑子（2000a）「わが国におけるソーシャルワークの歴史」松下正明総編集『精神医療におけるチームアプローチ（臨床精神医学講座S5）』中山書店　173-183頁
伊藤淑子（2000b）「ソーシャルワーカーの資格制度：日米比較」松下正明総編集『精神医療におけるチームアプローチ（臨床精神医学講座S5）』中山書店　225-236頁
Johnson, L. C., & Yanca, S. J. 2001. *Social Work Practice: A Generalist Approach*, 7th ed.（＝2004　山辺朗子・岩間伸之訳『ジェネラリスト・ソーシャルワーク』ミネルヴァ書房）
篭山京（1943）『国民生活の構造』長門屋書房
神マチ（1998）「精神保健福祉からみたソーシャルワーク教育」『ソーシャルワーク研究』24(2)　123-129頁
Karls, J. M., & Wandrei, K. E.(Eds.). 1994. *PIE Manual: Person-in-Environment System*, NASW.（＝2001　宮岡京子訳『PIEマニュアル―社会生活機能における問題を記述，分類，コード化するための手引』相川書房）
柏木昭編著（2002）『新精神医学ソーシャルワーク』岩崎学術出版社
川村隆彦（2002）『価値と倫理を根底に置いたソーシャルワーク演習』中央法規出版
川村隆彦（2003）『事例と演習を通して学ぶソーシャルワーク』中央法規出版
川廷宗之（1997）『社会福祉教授法―介護福祉士・社会福祉士・保母養成教育の授業展開』川島書店
川廷宗之（1998）「ソーシャルワーク教育の現状と課題」『ソーシャルワーク研究』24(2)　82-92頁
Kemp, S. P., Whittaker, J. K., & Tracy, E. M. 1997. *Person-Environment Practice: The Social Ecology of Interpersonal Helping*, Hawthorne, NY.（＝2000　横山譲・北島英治・久保美紀ほか訳『人―環境のソーシャルワーク実践―対人援助の社会生態学』川島書店）
木田徹郎（1967）「社会事業教育」日本社会事業大学編『戦後日本の社会事業』勁草書房　393-404頁
吉川武彦・佐野光正編（1990）『精神保健教育のあり方（精神保健実践講座⑦）』中央法規出版
Kirk, S. A., & Reid, W. J. 2002. *Science and Social Work: A Critical Appraisal*, Columbia University Press.
北川清一（1997）「大学におけるソーシャルワーク教育のゆくえ―広がりと混迷とアイデンティティの喪失」『ソーシャルワーク研究』23(2)　100-105頁
小林良二（2004）「社会福祉系大学の未来と国家試験」『社会福祉研究』89　2-7頁
小松源助（1993）『ソーシャルワーク理論の歴史と展開―先駆者に辿るその発達史』川島書店
厚生労働省精神障害者の地域生活支援の在り方に関する検討会（2004）『最終まとめ』
小山隆（2000）「ソーシャルワークとコンピュータ」『ソーシャルワーク研究』26(2)　125-133頁
窪田暁子（2000）「ソーシャルワーク理論と実践をつなぐ」『ソーシャルワーク研究』26(1)　4-10頁
黒澤貞夫（2001）『生活支援の理論と実践―事例から技法・理論への展開』中央法規出版

文　献

京極高宣（1997）「福祉専門職制度10年の評価と課題—ソーシャルワーカー資格を中心に」『社会福祉研究』69　42-49頁

京極高宣（2000）『社会福祉をいかに学ぶか—社会福祉教育研究の現状と課題』川島書店

京極高宣（2002）『専門職・専門教育（京極高宣著作集2）』中央法規出版

Lehmann, P., & Coady, N.(Eds.). 2001. *Theoretical Perspectives for Direct Social Work Practice: A Generalist-Eclectic Approach*, Springer Publishing Company.

丸山裕子（2000）「精神医学フィールドにおけるソーシャルワーカーの現状と課題」松下正明総編集『精神医療におけるチームアプローチ（臨床精神医学講座S5）』中山書店　206-214頁

丸山裕子（2002）「コンピュータ教育支援ツール活用によるソーシャルワーク演習の方法と課題」『ソーシャルワーク研究』28(3)　212-220頁

Mattaini, M. A. 1993. *More Than a Thousand Words: Graphics for Clinical Practice*, NASW Press.

Mattaini, M. A., and Kirk, S. A. 1981. Assessing Assessment in Social Work, *Social Work*, 38(3), pp.260-266

Mattaini, M. A., Lowery, C. T., & Meyer, C. H.(Eds.). 1988. *The Foundation of Social Work Practice: A graduate text*, 2nd ed., NASW Press.

松井二郎（1995）「社会保障・社会福祉のパラダイムの転換—アフター・フォーディズムと福祉国家の再編」『社会福祉学』36(2)　15-27頁

松浦五朗・中村和彦（2000）「精神障害をもつ人々の現状と課題」『広島文教女子大学紀要』35　219-247頁

McMahon, M. O. 1996. *The General Method of Social Work Practice: A GENERALIST PERSPECTIVE*, 3rd ed., Allyn & Bacon.

Meyer, C. H.(Ed.). 1983. *Clinical Social Work in the Eco-Systems Perspective*, Columbia University Press.

Meyer, C. H. 1988. The eco-systems perspective, In Dorfman, R. ed., *Paradigms of clinical social work*, Brunner/Mazel, pp.275-295.

Meyer, C. H. 1995. The eco-systems perspective: Implications for practice, In Meyer, C. H. and Mattaini, M. A.(Eds.)., *The Foundations of social work practice*, NASW Press, pp.16-27.

Miley, K. K., O'Melia, M., & DuBois, B. L. 1998. *Generalist Social Work Practice: An Empowering Approach*, 2nd ed., Allyn and Bacon.

Milner, J., & O'Byrne, P. 1998. *Assessment in Social Work*, MACMILLAN Press.（＝2001　杉本敏夫・津田耕一監訳『ソーシャルワーク・アセスメント—利用者理解と問題の把握』ミネルヴァ書房）

三品佳子編集（2003）『利用者主導を貫く精神障害者ケアマネジメントの実践技術』へるす出版

見田宗介・栗原彬・田中義久編（1988）『社会学事典』弘文堂

森岡清美・塩原勉ほか編集代表（1993）『新社会学辞典』有斐閣

中村和彦（1989）「社会復帰過程にある精神障害者に対するソーシャル・ワーク援助の視点に関する一考察」『北海道社会福祉研究』10　59-67頁

中村和彦（1997）「精神障害者の包括的リハビリテーションと社会生活技能訓練 Social Skills Training」『北星社会福祉研究』13　61-70頁

中村和彦（2001）「精神科ソーシャルワーク実践におけるジェネラル・ソーシャルワークの展開—その意義と方法」『広島文教女子大学紀要』36　137-148頁

中村和彦（2002）「精神障害者福祉とソーシャルワーク実践—精神保健福祉士の業務と役割」岩崎貞徳・李木明徳・中村和彦編著『人間福祉学入門』北大路書房　175-185頁

中村和彦（2003a）「ソーシャルワーク実践教育の課題」『人間福祉研究』（広島文教女子大学人間福祉学会）創刊号　47-60頁

中村和彦（2003b）「ソーシャルワーク実践教育における支援ツールの活用—エコシステム構想による生活の把握」『広島文教女子大学紀要』38　143-154頁

中村和彦（2004）「事例研究・事例検討の意味」日本社会福祉実践理論学会編集『事例研究・教育法』川島書店　24-32頁
中村佐織（1998）「ジェネラル・ソーシャルワークにおける展開過程の意義」『ソーシャルワーク研究』24(1)　17-23頁
中村佐織（2000）「ソーシャルワークの病理モデルからエコシステム・モデルへの移行―エコシステム支援過程の具体化を目指して」『ソーシャルワーク研究』25(4)　271-279頁
中村佐織（2002）『ソーシャルワーク・アセスメント―コンピュータ教育支援ツールの研究』相川書房
仲村優一（2002）『第6巻　社会福祉教育・専門職論（仲村優一社会福祉著作集）』旬報社
仲村優一・窪田暁子・岡本民夫ほか編（2002）『講座戦後社会福祉の総括と二十一世紀への展望Ⅳ　実践方法と援助技術』ドメス出版
日本学術会議第1部・第2部・第3部（2001）『21世紀における人文・社会科学の役割とその重要性―「科学技術」の新しいとらえ方，そして日本の新しい社会＝文化システムを目指して』
日本学術会議・第18期社会福祉・社会保障研究連絡委員会（2003）『ソーシャルワークが展開できる社会システムづくりへの提案』
日本学術会議・精神障害者との共生社会特別委員会（2003）『精神障害者との共生社会の構築をめざして』
日本生活学会編（1999）『生活学事典』TBSブリタニカ
日本精神保健福祉士協会編集（2001）『精神障害者のケアマネジメント』へるす出版
西尾雅明（2004）『ACT入門―精神障害者のための包括型地域生活支援プログラム』金剛出版
大橋謙策（1986）「社会福祉教育の構造と課題」日本社会福祉事業大学編『社会福祉の現代的展開―高度成長期から低成長期へ』勁草書房　313-334頁
大橋謙策（2002）「第5章　戦後社会福祉におけるマンパワー対策と社会福祉教育の課題」三浦文夫・高橋紘士・田端光美ほか編『講座戦後社会福祉の総括と二十一世紀への展望Ⅱ　政策と制度』ドメス出版　232-271頁
大橋謙策（2003）「転換期を迎えた大学の社会福祉教育の課題と展望―学際的視野も含めて」『社会福祉研究』86　22-29頁
大橋謙策・仲村優一（2002）『社会福祉系大学，専門学校，高等学校福祉科等におけるソーシャルワーク教育方法および教育教材の開発に関する研究報告書』ソーシャルケアサービス従事者養成・研修協議会
岡本民夫・高橋紘士ほか編（1997）『福祉情報化入門』有斐閣
岡本民夫（1973）『ケースワーク研究』ミネルヴァ書房
岡本民夫（2000）「ソーシャルワークにおける研究方法の課題」『ソーシャルワーク研究』25(4)　249-254頁
岡村正幸（1999）『戦後精神保健行政と精神病者の生活―精神保健福祉論序説』法律文化社
岡村正幸（2002）『まちづくりの中の精神保健・福祉―居住型支援システムの歩みと思想』高菅出版
大野勇夫（1990）「社会福祉専門職の養成と精神保健教育」吉川武彦・佐野光正編『精神保健福祉教育のあり方（精神保健実践講座⑦）』中央法規出版　233-242頁
大島巌（1999）「精神障害の概念とその評価」松下正明総編集『精神科リハビリテーション・地域精神医療（臨床精神医学講座20）』中山書店　153-163頁
大島巌編著（2003）『ACT・ケアマネジメント・ホームヘルプサービス―精神障害者地域生活支援の新デザイン』精神看護出版
大島侑（1992）「提言　社会福祉専門職要請の現状と課題」大島侑・米本秀仁・北川清一編『社会福祉実習―その理解と計画』海声社　1-11頁
太田義弘（1992）『ソーシャル・ワーク実践とエコシステム』誠信書房
太田義弘（1998）「ジェネラル・ソーシャルワークの意義と課題」『ソーシャルワーク研究』24(1)

4-10頁
太田義弘編（1999）『ソーシャルワーク実践と支援過程の展開』中央法規出版
太田義弘（2000）「ジェネラル・ソーシャルワークへの再論」『社会学部紀要』（龍谷大学社会学部学会）17　10-22頁
太田義弘（2002a）「ソーシャルワーク実践研究とエコシステム構想の課題」『社会学部紀要』（龍谷大学社会学部学会）20　1-16頁
太田義弘（2002b）「支援科学としてのソーシャルワーク実践と方法」『ソーシャルワーク研究』28(2)　123-135頁
太田義弘（2002c）「ソーシャルワーク支援への科学と構想」『社会学部紀要』（龍谷大学社会学部学会）21　1-15頁
太田義弘（2003）「ソーシャルワークの臨床的展開とエコシステム構想」『社会学部紀要』（龍谷大学社会学部学会）22　1-17頁
太田義弘・秋山薊二編著（1999）『ジェネラル・ソーシャルワーク―社会福祉援助技術総論』光生館
太田義弘・黒田隆之・溝渕淳（2001）「支援ツールの意義と方法」『ソーシャルワーク研究』26(4)279-288頁
奥田いさよ（1992）『社会福祉専門職性の研究―ソーシャルワーク史からのアプローチ：わが国での定着化をめざして』川島書店
佐藤豊道（1998）「ジェネリック・ソーシャルワークの出現の経緯」『ソーシャルワーク研究』24(1)　24-30頁
佐藤豊道（2001）『ジェネラリスト・ソーシャルワーク研究―人間：環境：時間：空間の交互作用』川島書店
Sederer, L. I., & Dickey, B.(Eds.). 1996. *Outcomes Assessment in Clinical Practice*, Williams and Wilkins. (＝2000　伊藤弘人・栗田広訳『精神科医療アセスメントツール』医学書院)
精神保健福祉士養成講座編集委員会編集（2003a）『精神保健福祉士養成講座4　精神保健福祉論』中央法規出版
精神保健福祉士養成講座編集委員会編集（2003b）『精神保健福祉士養成講座5　精神保健福祉援助技術総論』中央法規出版
精神保健福祉士養成講座編集委員会編集（2003c）『精神保健福祉士養成講座6　精神保健福祉援助技術各論』中央法規出版
精神保健福祉士養成セミナー編集委員会編集（2001a）『改訂精神保健福祉士養成セミナー第4巻　精神保健福祉論』へるす出版
精神保健福祉士養成セミナー編集委員会編集（2001b）『改訂精神保健福祉士養成セミナー第5巻　精神保健福祉援助技術総論』へるす出版
精神保健福祉士養成セミナー編集委員会編集（2001c）『改訂精神保健福祉士養成セミナー第6巻　精神保健福祉援助技術各論』へるす出版
精神保健福祉士養成セミナー編集委員会編集（2001d）『改訂精神保健福祉士養成セミナー第7巻　精神保健福祉援助演習』へるす出版
Siporin, M. 1980. Ecological systems theory in social work, *Journal of Sociology and Social Welfare*, 7, pp.507-532.
白澤政和（2003）「大学における研究・教育の課題―ソーシャルワークの視点から」『社会福祉研究』86　30-36頁
副田あけみ（2003）「価値の問い直しと設計科学化」『社会福祉研究』86　90-95頁
住友雄資（2001）『精神科ソーシャルワーク』中央法規出版
鈴木幸雄（2000）「わが国におけるソーシャルワーカーの教育」松下正明総編集『精神医療におけるチームアプローチ（臨床精神医学講座S5）』中山書店　184-196頁

社団法人日本精神保健福祉士協会事業部出版企画委員会編集（2004）『日本精神保健福祉士協会40年史』社団法人日本精神保健福祉士協会
社会福祉辞典編集委員会編（2002）『社会福祉辞典』大月書店
社会福祉教育方法・教材開発研究会編集（2001）『新社会福祉援助技術演習』中央法規出版
庄司洋子・木下康仁ほか編集（1999）『福祉社会辞典』弘文堂
高橋信行（2000）「福祉実践とコンピュータ利用」『ソーシャルワーク研究』26(2)　134-139頁
髙田真治（1986）『アメリカ社会福祉論―ソーシャル・ワークとパーソナル・ソーシャル・サービス』海声社
田中英樹（1996）『精神保健福祉法時代のコミュニティワーク』相川書房
田中英樹（2001）『精神障害者の地域生活支援―統合的生活モデルとコミュニティソーシャルワーク』中央法規出版
田代国次郎（1985）「わが国におけるソーシャルワーカーの養成と社会福祉教育」大島侑編『社会福祉実習教育論』海声社　3-24頁
戸塚法子（2002）「コンピュータ・ツールを活用した援助技術演習―社会福祉援助技術教育におけるデジタル版PBLM式教育の試み」『ソーシャルワーク研究』28(3)　204-211頁
坪上宏・谷中輝雄編著（1995）『あたりまえの生活　PSWの哲学的基礎―早川進の世界』やどかり出版
中鉢正美（1956）『生活構造論』好学社
Wakefield, J. C. 1996a. Does social work need the eco-systems perspective?, Part 1.　Is the perspective clinically useful?, *Social Service Review*, 70, pp.2-32.
Wakefield, J. C. 1996b. Does social work need the eco-systems perspective？, Part 2. Does the perspective save social work from incoherence?, *Social Service Review*, 70, pp.184-213.
渡邊益男（1996）『生活の構造的把握の理論―新しい生活構造論の構築をめざして』川島書店
WHO. 2001. *International Classification of Functioning, Disability and Health*. (＝2002　『ICF　国際生活機能分類―国際障害分類改訂版』中央法規出版)
山手茂（1997）「医療におけるソーシャルワーカーの役割と資格制度化をめぐる論争点―なぜ社会福祉士と別資格を設けようとするのか？」『社会福祉研究』69　50-57頁
谷中輝雄編著（1993）『谷中輝雄論稿集Ⅰ　生活』やどかり出版
谷中輝雄（1996）『生活支援―精神障害者生活支援の理念と方法』やどかり出版
谷中輝雄・三石麻友美・仁木美知子ほか（1999）『生活支援Ⅱ―生活支援活動を創り上げていく過程』やどかり出版
谷中輝雄（2000）「精神障害者福祉とソーシャルワーク―精神医学ソーシャルワーカーの活動の足跡」『ソーシャルワーク研究』25(4)　301-307頁
谷中輝雄編・岩本正次（2003）『意識生活学の提唱―岩本正次の世界（精神医学ソーシャルワーク叢書・3）』やどかり出版
横山豊治（1999）「養成教育をめぐる諸研究からみたソーシャルワークの特性―ソーシャルワーク教育関係の先行文献をもとに」『ソーシャルワーク研究』24(4)　251-256頁
横山穰（1998）「ソーシャルワーク教育における援助技術演習の持ち方と課題」『ソーシャルワーク研究』24(2)　93-99頁
米本秀仁（1992）「社会福祉専門職の養成と実習」大島侑・米本秀仁・北川清一編『社会福祉実習―その理解と計画』海声社　13-26頁
米本秀仁（1997）「社会福祉専門教育の課題―教育現場と福祉現場の連携」『社会福祉研究』69　65-70頁
米本秀仁（1999）「社会福祉論・ソーシャルワーク論の再構築への視野」『社会福祉研究』74　96-102頁

文　献

米本秀仁（2000）「ソーシャルワーク・アイデンティティの形成と社会福祉系大学の責任」『ソーシャルワーク研究』25(4)　341-346頁
(財)情報科学国際交流財団編（1994）『コンピュータと人間の共生―コンピュータによる障害者支援の展望』コロナ社

索　引

●あ行
エコシステム　16
エコシステム構想　6, 7, 18, 42, 46, 56, 58, 103, 105, 127, 129
エコシステム視座　6, 7, 31, 41, 103
エコスキャナー　44, 105
エコロジカル・ソーシャルワーク　31
エンパワメント　127, 142

●か行
教育支援ツール　116, 134

コンピテンス　104

●さ行
札幌宣言　22
参加と協働　6, 25, 44, 46, 54, 129

ジェネラリスト・ソーシャルワーク　13
ジェネラル・ソーシャルワーク　6, 13, 41, 103, 105
支援科学　3, 5, 15
支援スキル・トレーニング　126
支援ツール　6, 7, 44, 47, 129, 137
実践アプローチ　142
実践概念化　41
実践の科学化　46
疾病と障害の併存　33, 37, 58
シミュレーション　73, 104, 109
自立生活支援　4

スティグマ　142
ストレングス　35, 61, 142
ストレングス視点　127

生活構造論　30

生活支援　36
生活障害　35
生活モデル　10, 12
精神障害者ケアマネジメント　51
精神保健ソーシャルワーカー　130
精神保健ソーシャルワーク　23, 48
精神保健福祉士　19, 23

ソーシャルワーク演習教育　130
ソーシャルワーク実践教育　79, 88, 90, 105, 138
ソフト福祉　3, 87, 105, 135

●た行
中範囲理論　41
治療モデル　10

●は行
ハード福祉　2, 87

PSW　19

フィードバック　135

包括・統合ソーシャルワーク　6, 13, 15, 25, 41, 138, 142
包括・統合的なソーシャルワーク理論　87, 103

●ら行
リカバリー　142

●わ行
Y問題　21

Book Outline

This book is an arranged version of the thesis "Research Related to the Development of Practical Social Work Education Based on the Ecosystem Projects ― Using Training and Education of Psychiatric Social Workers as an Example―" that was presented as part of the examination stage for the academic degree of "PhD (Social Welfare)" from Ryukoku University Graduate School in March 2005.

The goals of this research are summarized in the following 5 points.
①Selection of problems from practicing psychiatric social work
②Development of a general social work theory
③Practical conceptualization of a general social work theory
④Development of support tools for practical psychiatric social work
⑤Clarification of problems in the education of psychiatric social workers and reform of education methods

In chapter I of this book, the whereabouts of problems and assumptions and goals of this research are set out. In chapter II, the concept of social work, especially "general social work", is explained from the basic theory of this research from ecosystem perspectives, as well as the connection with practical psychiatric social work being described.

Chapter III follows by considering the unique characteristic of practical social work "life enhancement", and dealing with the characteristics of the lifestyles of and support for people with mental disorders who are the direct targets of practical psychiatric social work which is a field of concrete support development. In Chapter IV, from the viewpoint of bridging the gap between theory and practice, as well as how to practically conceptualize the extracted metatheories, those viewpoints and methods will be made concrete, and based on the realization that being able to utilize them during the actual support process is an urgent problem the development of a "computer support tool" to gain a an inclusive and overall understanding of the life of users is considered. Based on the ecosystem projects, with the goal of re-establishing, maintaining and improving the independent lifestyle of people with mental disorders, the creation, implementation of and problems with support tools are referenced. A

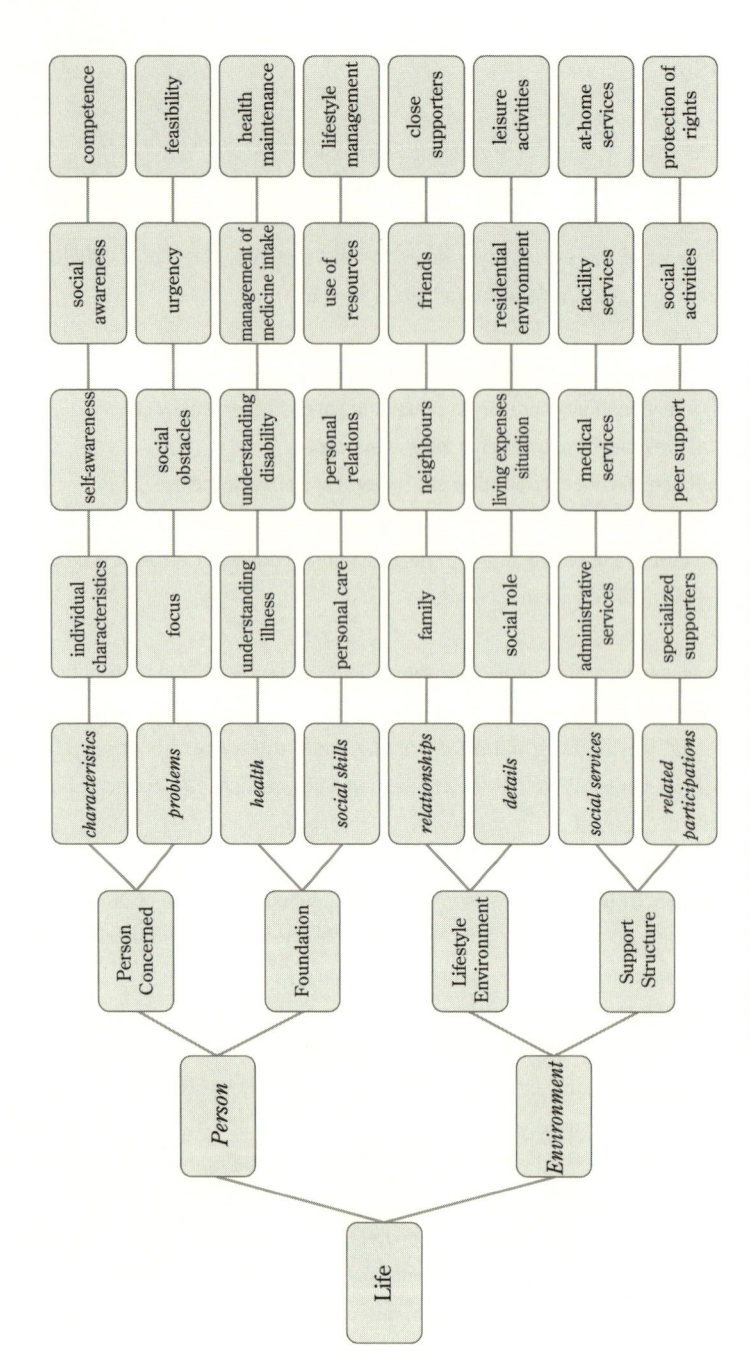

Figure A System Organization of the Lifestyle of People with Mental Disorders questionnaire is available regarding the details of each component of the "System Organization of the Lifestyle of People with Mental Disorders" for the support tools developed, which after being answered by personal computer, the simulation results are visualized, enabling the understanding and comprehension of the complicated and varied life situations of people with mental disorders. As indicated in Figure A, the "System Organization of the Lifestyle of People with Mental Disorders" is made from "lifestyle" at the center of the circles, to the two areas of "person" and "environment", then the four fields of "the person concerned" — "foundation" — "lifestyle environment" — "support structure, then the eight frameworks of "characteristics" — "problems" — "health" — "social skills" — "relationships" — "details" — "services" — "social resources" also each being made from 4 components.

Based on the considerations from chapters II, III and IV listed above, chapters V and VI are focused on practical social work education, with chapter V first taking a broad overview of practical social work education in Japan and its changes in the fifty years since the war, as well as problems for the future. In addition, the area that is the direct target of this research, the education and training of social workers in the area of psychiatric social work is focused on, with its changes and problems also being indicated.

Chapter VI holds the central position of this book, considering education of social workers with a general inclusive knowledge of the ideas, viewpoints, and support methods of practical social work based on the ecosystems perspective as an urgent problem, with an example of actual education of psychiatric social workers included in development of a method for practical social work education involving both instruction contents and methods. This concrete target for discussion is a class style using drills and computer support tools, with the contents, methods, desired results, problems, and possibilities for this example being referenced.

Chapter VII is an evaluation of this research and summary of problems for the future, with concreted problems for the future status of practical social work education, continuing education of current workers and potential for expansion to supervision areas, as well as the desire for a more scientific base for practical social work are all indicated. In Figure B, the structure of this book's chapters and sections are indicated.

Chapter I Whereabouts of Problem and Goals of This Research

*1 Whereabouts of Problem
*2 Assumptions and Goals of This Research
*3 Structure of this Essay

Chapter II Ecosystem Perspective and General Social Work

*1 Changes to Social Work Theory
*2 Appearance of General Social Work
*3 Psychiatric Social Work Practice and General Social Work

Chapter III Characterristics of the Lifesiyles of People with Mental Disordered and Life Enhancement

*1 Understanding of the Ecosystem Situation of Lifestyle
*2 Characteristics of the Lifestyles of People with Mental Disordered
*3 Life Enhancement for People with Mental Disordered

Chapter IV Practical Conceptualization of General Social Work and Concrete Development

*1 Ecosystem Projects as Practical Conceptualization
*2 Computer Support Tools as Concrete Development
*3 Development of Support Tools for Life Enhancement for People with Mental Disordered

Chapter V Changes and Problems in Practical Social Work Education

*1 Changes in Practical Social Work Education
*2 Problems in Practical Social Work Education
*3 Changes and Problems in Education and Training of Psychiatric Social Worker

Chapter VI Concrete Development of Practical Social Work Education Based on the Ecosystem Projects

*1 Development of Education Using the Ecosystem Projects
*2 Meaning, Contents and Usage Methods for Educational Support Tools
*3 Actual Use of Support Tools during the Process of Psychiatric Social Worker Education

Chapter VII Evaluation of this Research and Further Problems

Figure B Structure of This Book

【著者紹介】

中村　和彦（なかむら・かずひこ）

　1965年　北海道小樽市に生まれる
　2004年　龍谷大学大学院社会学研究科社会福祉学専攻博士後期課程単位取得満了
　現　在　北星学園大学社会福祉学部准教授　博士（社会福祉学）
　主　著　人間福祉学入門（編著）　北大路書房　2002年
　　　　　事例研究・教育法（分担執筆）　川島書店　2004年
　　　　　社会福祉援助技術（分担執筆）　北大路書房　2009年
　　　　　相談援助の理論と方法Ⅱ（分担執筆）　中央法規出版　2009年

エコシステム構想による
ソーシャルワーク実践教育の展開

精神保健ソーシャルワーカー養成と包括・統合ソーシャルワーク

2009年3月23日　初版第1刷印刷	定価はカバーに表示
2009年3月30日　初版第1刷発行	してあります。

著　者　　中　村　和　彦
発行所　　㈱北大路書房
〒603-8303　京都市北区紫野十二坊町12-8
電　話　(075) 431-0361㈹
Ｆ Ａ Ｘ　(075) 431-9393
振　替　01050-4-2083

©2009　　制作／ラインアート日向　　　印刷・製本／シナノ書籍印刷㈱
検印省略　落丁・乱丁本はお取り替えいたします。
ISBN978-4-7628-2679-5　Printed in Japan